儿科医生教你带娃旅行

李云海 著

中国·广州

图书在版编目（CIP）数据

儿科医生教你带娃旅行 / 李云海著. — 广州：广东旅游出版社，2024.7
ISBN 978-7-5570-3245-6

Ⅰ．①儿… Ⅱ．①李… Ⅲ．①家庭教育 Ⅳ．①G78

中国国家版本馆CIP数据核字(2024)第072703号

出 版 人：刘志松
策划编辑：龚文豪
责任编辑：廖晓威
装帧设计：艾颖琛
内文插画：李　婷
责任校对：李瑞苑
责任技编：冼志良

儿科医生教你带娃旅行
ERKE YISHENG JIAO NI DAIWA LÜXING

出版：广东旅游出版社　世界图书出版有限公司
发行：广东旅游出版社
（广州市荔湾区沙面北街71号首、二层）
邮编：510130
电话：020-87347732（总编室）　020-87348887（销售热线）
投稿邮箱：2026542779@qq.com
印刷：广东金冠科技股份有限公司
　　（广州市黄埔区南岗云埔工业区骏丰路111号）
开本：889毫米×1230毫米　32开
字数：160千字
印张：8.5
版次：2024年7月第1版
印次：2024年7月第1次
定价：58.00元

[版权所有　侵权必究]
本书如有错页倒装等质量问题，请直接与印刷厂联系换书。

序言

最近一次朋友聚会之后，好朋友问我："之前见到你孩子时他还是2岁多，觉得他有点腼腆，这次感觉差别很大啊，他现在都会主动找我聊天了，你们在教育上是做了什么改变吗？"我笑了笑，心想可能是这几年多带他出去走走的"成果"吧。现在，7岁的小文同学开朗大方，能表达自己的想法，喜欢和小朋友一起玩，总是快乐自在的样子。

我是一名儿科医师，也是小文同学的妈妈。我父母给我起名"云海"，大概是希望我能"云游四海"。长大后，我也不负二老的期望，热爱旅行！从本科到研究生的这8年大学时间里，刻苦学习之余，利用寒暑假游览过国内许多景点。工作之后因为假期有限，所以在难得的假日选择出国旅行。前些年爱上潜水，碧海蓝天的东南亚成了首选，当然还有亚洲很多的潜水胜地，而且从广州出发也非常方便，陆续去过马尔代夫、柬埔寨的吴哥窟、日本、越南的芽庄、泰国的普吉岛和曼谷、印尼的巴厘岛和美娜多、帕劳、新加坡、韩国、马来西亚新山和中国台湾等地。

近几年，小文同学逐渐长大，在有限的假期里，我更多的是带着孩子一起去国内外自由行、周边城市自驾游，享受亲子旅行时光。

经常会有朋友跟我吐槽自己的孩子沉迷于手机和ipad，不肯外出，甚至连下楼玩耍都不愿意，还经常和我讨论育儿经。我认为，那是因为孩子没有在现实世界中找到真实的热爱，如果家长能多陪伴孩子，帮助孩子找到更有吸引力的地方，孩子自然而然能脱离电子产品。有的朋友表示也想带孩子外出游玩，但无从下手。确实，亲子自由行，特别是出境游，对年轻父母来说挑战比较大，如何安排一条适合孩子又适合大人的路线，如何守护孩子的出行健康，都是爸爸妈妈需要考虑的。

记得去帕劳潜水的时候，同船出海的有个十三四岁的孩子在沙滩被贝壳划伤了脚跟，伤口很小，她自己贴了创可贴，可下到海里伤口遇水疼得不行，行程要泡汤。每次出海我都会随身带着防水的透明敷贴，大概巴掌大小，我马上拿出来帮她贴上，她又可以下海去浮潜了。有些父母在家把孩子照顾得很好，一出行对于孩子出现的健康问题往往就手足无措了。旅行备用物品也是根据不同目的地来准备的，所需药品跟家庭日常备用药物会有所不同，细节做好了，会让旅行更舒心，让孩子在行程中健康安全，全家人都会获得更好的旅行体验。

这些年，我慢慢积累了一些带孩子出行的经验，加上本身是儿科医生，可以总结分析旅途中如何更好地保证孩子的身心安全并让他们更快乐和健康地成长、如何处理常见疾病、如何进行调理养护，闲暇时间写写文章，并发表在公众号"儿科医生教你带娃旅行"上，也颇受家长们的欢迎。

旅行可能会引起孩子身体和心理的疲劳，干扰孩子的生物节律。旅行中复杂的地理与地貌、异常的气象和气候条件、不同的社会环境和文化背景，以及意外事故等都会对孩子产生影响，使生理内环境改变，心理适应能力降低，从而影响健康和引起疾病。

父母作为孩子的守护者，在出行前，很有必要了解旅途常见的疾病，比如呼吸道感染（感冒、发热、咳嗽）、胃肠道疾病（呕吐、腹痛、腹泻）、过敏性疾病等等，以及出行前要准备哪些药物。万一出现了皮肤组织或骨骼等外伤、动物伤害、电击溺水等意外伤害，我们作为孩子最亲近的人，是否有能力第一时间去处理这些伤害呢？掌握处理儿童旅途常见急症及外伤和疾病的方法也是非常有必要，有时生命的关键就在几分钟。掌握基本的急救知识，能增强父母带娃旅行的自信，相当于为孩子的外出旅行和身心健康增加了一份保险。

面对自己家人旅行的健康问题，我的医学背景、临床经验在旅行中起到很好的保障，也能帮助同行的团友、需要帮助的陌生人解决一些问题。但是带小文同学的旅行经验，是在旅行时不断磨合、总结出来的。旅行让我和小文走出舒适区，包括身体和心理的舒适区，挑战我们的身心接受程度，也在调整我们的亲子关系。初到一地，人生地疏，还有来自旅程中许多不可预测的因素，会使得孩子普遍存在程度深浅不同的不安心理。我也特别关注环境改变后孩子的焦虑、恐惧、孤独等心理的变化，还有文化对冲带来的心理影响。

分享这些年带孩子旅行的经验、健康旅行观念，促使我衍生出集结成册的想法。翻看相册里面这些年小文同学在旅途中的灿烂笑容，希望他一直保持这种自在快乐的状态，做最好的自己。

◎草原撒欢

目录 Contents

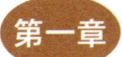 **带娃旅行你准备好了吗？ /001**

　　01　带娃旅行的意义 /001
　　02　亲子游目的地 /009
　　03　适合亲子的出行方式 /019
　　04　精心准备旅行用品 /030

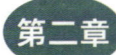 **防治小儿旅途常见病　/037**

　　01　几招缓解感冒症状 /037
　　02　咳嗽治疗寒热有别 /050
　　03　又吐又泻别慌了神 /058
　　04　查找过敏反应的原因 /072
　　05　夏日出游预防中暑 /083
　　06　眼红眼肿不能揉搓 /088
　　07　食物中毒处置 /093
　　08　心脏骤停要及时抢救 /097
　　09　气道梗阻急救法 /104
　　10　紧急处理意外伤害 /109

11　快速鉴别出疹性传染病 /115

12　必备旅行小药包 /123

第三章　旅行中不同场景的防护　/127

01　海岛 /127

02　潜水 /136

03　登山 /150

04　徒步 /158

05　草原 /165

06　沙漠 /170

07　露营 /177

08　高原 /186

09　滑雪 /193

10　乘坐交通工具 /203

11　观看野生动物 /214

12　公园、游乐园 /217

13　骑行 /227

第四章　培养孩子自救能力　/231

- 01　日常培养孩子的自救意识 /231
- 02　被锁车内的自救要点 /235
- 03　电梯故障的自我保护 /238
- 04　地震时自救的方法 /241
- 05　火灾时如何自救 /244
- 06　溺水的自救练习 /247

第五章　走进孩子内心的亲子旅行　/249

- 01　旅行可以引导心理健康 /249
- 02　好动不等于"多动" /252
- 03　带一件孩子喜欢的物品 /255
- 04　给孩子多一点自主权 /258
- 05　从旅行中获得正向激励 /262

第一章 带娃旅行你准备好了吗？

01 带娃旅行的意义

每个人心中都有自己的诗和远方，当有了孩子之后，我们决定带着孩子去寻找诗和远方。有些人说小孩子什么都不懂，带他出去旅行，长大了他也记不住。

其实亲子游对大人来说可能只是收获了一段旅程，对孩子而言却是打开了认识世界的窗户。这大概就是亲子旅行最美好的存在！

亲子旅行对孩子的意义

旅游能对孩子产生什么影响呢？我认为带娃旅行的正面影响可以从社会意义、教育意义、情感意义这三大方面来解读。

社会意义

儿童在与父母、同伴的旅游互动过程中可以获得技能和知识，在旅游过程中开阔了眼界、得到成长，锻炼了胆量、获得自信，在这个过程中进一步学会交往，有利于身心健康。

(1) 开阔眼界

旅行是孩子最直观认识外界的途径，让孩子知道，这世界上不仅有高楼大厦，还有形态不一的高山，覆盖地球三分之二的海洋，不一样的风土人情，孩子可以触碰到真实的世界，在潜移默化中拓展他们的眼界和提升认知。

"读万卷书，行万里路"。当孩子看到各种各样的生活方式，你可以引导他去思考，如果他生长在这里应该如何去生活。请孩子把所见与所思相结合，既能丰富思想，还能开阔眼界，并能获得充盈的生命体验。

　　春天去田里播种，体验水稻耕耘；秋天漫步在丰收的稻谷中。与其教授孩子单纯地背诵"谁知盘中餐，粒粒皆辛苦"的诗词，不如让他体验到一粒大米的"来龙去脉"，才能知晓其中的辛苦之道，珍惜粮食来之不易。

①｜②

①春耕
②秋收

(2) 锻炼胆量

　　在我3岁的时候，有件事情到现在还印象特别深刻。我父母带我去海边玩，从海边到车站要坐一种电动三轮车，类似东南亚的双条车，车后两侧各有一条长板椅，后面没有门。当时车开得飞快，很害怕自己会掉下去，直到现在都能记得那时的恐惧。

　　胆子比较小的我，也有一些"勇敢的举动"，比如站上央视的舞台表演才艺，考取水肺潜水证和美人鱼潜水证。也许是一路尝试未知之旅的积淀给了我勇气，使我消除恐惧，敢于去挑战自己的心之向往。

在旅行中，我们会和小文同学一起看手机地图寻找目的地，让他去问路，买东西时让他去结账，随时随地锻炼他的胆量。久而久之，小文很自然地去寻找旅行中的小伙伴。哪怕爬山途中几分钟的休息时间，也可以和天南地北不认识的小朋友聊起来。在不同场景，可以鸡同鸭讲地跟不同国籍小朋友谈笑风生、奔跑嬉戏。这些都是旅行意料之外的收获。

◎ 寻找旅行中的小伙伴

003

去经历和体验旅行的艰辛困苦、旅行的幸福喜悦，享受打开自己的内心去感知世界，去与人相处。旅行中的孩子是能感受到很多不同东西的，这些感受和认知会形成他内心的气质和学养，化成他的能量和胆识。

(3) 促进健康

户外的旅行活动能帮助孩子协调肌肉运动，增强体质，促进生长发育。亲子旅行给孩子们带来的轻松、愉悦的积极情绪和情感体验，孩子的心理状态和基础奠定了他们阳光向上的良好基础。孩子在旅游活动中能更好地消除紧张、缓解焦虑、锻炼意志品质，并能让自己活泼开朗起来，有利于儿童身体健康和心理健康。

我们会在旅行途中为孩子穿插一些有意义的活动，比如5岁的小文到贵州旅行，我们带着他深入山区去义诊。

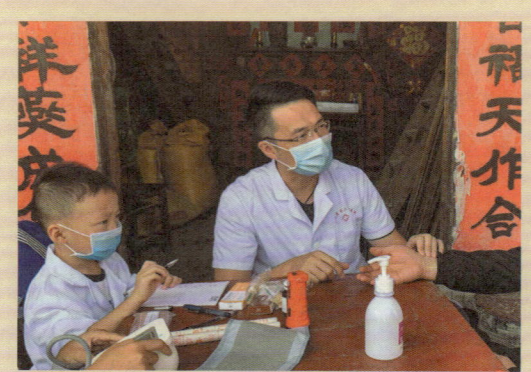 

◎贵州山区义诊

我们给他安排了量血压和记录的任务，出行之前就已经反复演练，力求让他记住每一个步骤。通过义诊，他也对爸爸妈妈的工作多了一分了解。

> 虽然我们到山区义诊仅是尽绵薄之力，不足为道，但孩子认真地参与到义诊中来，这让我们也很欣慰。孩子在体验的过程中会慢慢地感悟到生活的意义，由外在影响感化为内在认知。不管以后从事什么职业，希望他记住，但行好事莫问前程！

教育意义

教育的意义不仅是指积累知识，更重要的是丰富生活经验、增长社会阅历、锻炼社交的能力、陶冶情操等。通过亲子旅行，可以使孩子放松身心的同时，让孩子体验平时生活中未有过的经历。现在许多的父母也在更新自己的旅行理念。

(1) 寓教于乐

新兴的"体验式旅行"渐渐被家长所认识，通过全方位的创新设计使旅游活动"可参与、可互动、可感受、可享受"。这种旅行方式表现多样，比如我们在山里旅行时，与小文同学一起捡树叶来做"粘贴画"，为亲子旅行穿插小活动，让孩子认识多种树木和叶子的形态，加强观察、动手和审美能力，激发孩子对大自然的喜爱，增强保护自然环境的意识。

这些都是由父母或者旅行组织者预先设计和组织，父母、孩子可一起去参与的活动。像我们所熟知的综艺节目《爸爸去哪儿》就包含了体验式旅游，有很强的参与性。还有近年来逐渐兴起的"义工旅行""到农民家里体验田园式生活""去国外入住当地人家""背包旅行"等等，以个性化体验式旅游为主题贯穿整个旅行。

亲子旅行也是家庭教育的一部分，家庭教育并不只是纯粹地要求知识的灌输，更是通过参与各种非正规学习的活动来开发孩子智慧的潜能，为孩子以后有效的学习打下基础。这样的旅行方式更注重旅游过程中的个人感受，寓教于乐，从而在亲子旅途中实现对孩子进行教育与涵养的成效。

（2）旅行素养

旅行带给孩子的教育是无形且无处不在的，身体力行的教育有时比言语教育更能直击心灵。家长自身需要有多点储备的相关知识，提高自身的旅行素养，比如旅游文化知识、文明出游习惯、环境保护理念等。

情感意义

家庭成员在一起相处时，孩子的快乐增加了家庭幸福感。随着现代生活节奏的加快，父母往往因为工作繁忙等因素没有时间陪伴儿童，孩子会把家庭出游"在一起"的时间作为生活质量和美好时光的重要标志。像小文会数着日子，盼着周末的到来，因为我们会带他出去玩，一家人一整天都粘在一起，这是他最喜欢的日子。

（1）爱与陪伴

最长情的爱是相互陪伴。我们主观地认为孩子需要父母的爱和陪伴，却很少审视自己的内心，是否也渴望孩子陪伴我们、爱我们。当我们拖着疲倦的身躯回到家中，孩子扑过来的拥抱和笑脸，让一切疲惫烟消云散。爱是相互的，对爱的需求也是相互的。亲子旅途中是比较放松的状态，也是培养亲子感情非常好的一种方式。

（2）和谐关系

我们都希望孩子在和谐、幸福、友爱与谅解的氛围中成长。家长在亲子游中扮演的是孩子最可靠且热心的导游和伙伴，让亲子之间有充足的时间共享亲情之乐，增进彼此间的了解，消除在日常生活中的一些矛盾和不愉快。旅途中，我们会遇到这样那样的问题，大人的为人处世会很直接地影响孩子的世界观、人生观、价值观。

亲子旅行对父母的意义

当我们开始带着孩子参与旅行时，我们的旅游体验会发生改变，我们的旅途选择可能会以自我为中心转移到以孩子为中心。总结这些年的带娃旅行经验，我想结合自己的感受，分享一下亲子游对于我们作为父母这一角色的意义。

儿童视角

与孩子一起旅行，父母从孩子的身上学习如何从另一个视角观察和旅游世界，用儿童的眼睛去观察，用儿童的耳朵去倾听，用儿童的大脑去思考，用儿童的兴趣去探寻，用儿童的情感去热爱。从而发现旅游世界的另一种美，拥有不一样的旅游体验。带孩子去旅行是一段治愈心灵的旅行。

逆向学习

我们会不由自主地借助孩子的视角重新审视身处的旅游世界。而孩子在旅游活动中所表现出来的勇敢、毅力、执着等精神品质，是值得父母向孩子学习的。这种"逆向学习"会让父母感叹自己的孩子"长大了"，更愿意主动参与到孩子的成长过程中，在教与学之中双向互动、交流与成长。

反思教育

有时儿童的消极情绪会使父母产生负面的情感体验。生活中的鸡飞狗跳依然会在旅行中重现，甚至放大。因为你还是那个你，孩子还是你的孩子。情感体验不好时，父母往往认为"带孩子一起旅行是一件很辛苦的事"。当旅行中孩子的消极情绪感染着、笼罩着我们，我认为最好的解决方式就是"与自己和解"，接受并消化孩子的负面情绪。

亲子游可以帮助父母反思自己的教育方式，比如"怎样的旅行能够让孩子更好地成长"和"旅行对孩子的意义到底是什么"等问题。父母在亲子旅游过程中感知到常居地和旅游地在教育方式与教育观念上的差异性，还可以通过对比来反思自身对孩子的教育，更多地去理解孩子各个不同时期的生长发育规律，去引导和帮助他们解决在成长路上遇到的难题。

总结

旅行是一种生活态度。请您在自己能力的范围内，带上孩子去旅行，让他们见识更广阔的世界。把我们对旅游的喜爱、对生活的热爱传递给孩子，这是一种美好的人生传承。

小贴士

Q: 孩子多大可以去旅行？

我的朋友夫妇二人带着5个多月的宝宝到新加坡旅行6日，我弟弟一家带着半岁的孩子到上海游玩。亲子旅游拿捏得当也会相当轻松，这就如同换个地方生活一段时间而已。

但是在爸爸妈妈还没有做好准备的情况下，不应该跟风带娃去旅行。另外，评估孩子的健康状态最为重要，孩子能否适应大人决定的旅行目的地和行程？本身体弱多病的孩子，不建议在一岁以前带去太远的地方旅行。

02 亲子游目的地

选择亲子游的目的地,通常是根据孩子的年龄和需求来选择的。这是出行前非常重要的考量。

亲子游的分类

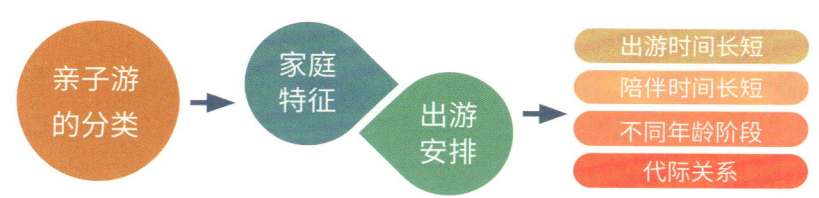

出游时间长短

周末的周边游、小长假的省内游、长假期的国内外游,出行目的地的选择与出行时间长短密切相关,主要分为近郊休闲型(1~2天)和度假游乐型(3天以上)。

(1) 近郊休闲型

父母可根据自身的工作情况来决定亲子旅游的时间和路线。对于周六、周日这两天,一般多选择离家较近、时长为1~2天的路线进行亲子旅游活动。如果条件允许,带孩子进行自驾游会更加便利。

亲子旅行活动可选择如钓鱼、游公园、逛游乐园、泡温泉等以儿童为主题的旅游活动项目。近郊休闲游可集中于户外,这样安排的话儿童游玩的基础设施完善,满足家长和孩子对旅行的便利需求。制订这样的周边旅游计划亦满足家庭成员的全方位需求。

(2)度假游乐型

3天以上的长假旅行，可以选择旅游资源发展成熟、交通方便的国内一线城市。还有各地的著名景区，也是亲子游的首选之地。较长假期可以选择出境游，近年比较热门的有日韩游、欧洲游和东南亚海岛游。

陪伴时间长短

通常我们带娃旅行是一直陪伴在孩子身边，出游过程中儿童与家长始终在一起。一些酒店和邮轮带有儿童俱乐部（kids clubs），儿童可以有部分时间是独立自由的，这样的旅游对儿童的感受和出行的意义就完全不一样了。

如地中海俱乐部（Club Med）在全球拥有80多座度假村，我们曾经在桂林地中海俱乐部度过一个愉快的元旦假期。在这里，家长可以享受度假村的专业儿童托管服务和儿童俱乐部服务，专业人士会为孩子们提供丰富的体育和艺术活动。小文来到儿童俱乐部，由老师带领参加各种课程活动，又认识了很多小伙伴。这种方式既可以享受亲子时光，又能兼顾大人的度假需求。

不同年龄阶段

较小儿童（一般认为5岁及以下）因为活动能力和认知水平受限，心智不成熟，所以在旅游活动中处于被动角色。而较大儿童（按年龄分6岁以上）可以相对主动地参与旅游活动。

6～12岁的儿童作为独立个体，既有较成熟的心智和判断的能力，又能保持纯粹的体验感知。13～17岁的孩子已较为成熟，但易受外界等其他因素干扰，脱离儿童本身对于旅游的体验和感知。

代际关系

两代人（父母和子女）出游和三代人（祖父母、父母和子女）或多代人一起出游。小文2岁时，我带着他和我的母亲三代同游越南芽庄，在目的地选择上要适合三代人的需求，以休闲度假为主。

选择亲子游的目的地

我们带着孩子要去哪里旅行呢?

婴幼儿期(0岁~3周岁)

这一时期的儿童缺乏自我保护意识以及自理能力,每时每刻都需要家长的照顾。为了使孩子能够更好地享受旅程,家长可选择环境优雅和服务周到的度假酒店进行旅游,会提高旅行舒适度。这一时期的儿童的认知能力不强,难以对外界的事物做出准确的判断,只对吸引力强的物体产生好奇。

👉 0~1岁的小朋友活动能力有限,以看为主,亲近大自然,行程不宜太奔波。

✅ 推荐:城市、公园、森林、海滩等。

如朋友夫妇带5个月宝宝去新加坡,他们玩的路线大致是动物园、植物园和推着婴儿车逛街。

◎小文在野生动物园 🌲 📷 🎧 👑

👉 2～3岁的小朋友活动能力已经明显增强，求知欲旺盛。可以根据小朋友日常对卡通人物的喜好，来选择一些外观新奇和绚丽的低龄化主题公园；休闲度假的海岛也是首选。此外，这一时期的儿童大脑正处于萌发期，在优雅的环境中能够更好地促进儿童的脑部发育，提升他们的自我感知以及认知能力。

✓ 低龄化主题公园、动植物园、海岛、邮轮等。

✗　　0～3岁儿童由于不具有独立思维以及行动能力，因此对历史文化深厚的旅行目的地不能很好地认知。

学龄前期（3周岁后～6周岁前）

👍　　这一时期的儿童，在行动上具有一定的行动能力和独立意识，可以对外界的事物进行判断和认知，因此会更加偏爱接触自然的旅游项目。度假酒店和主题乐园的模式都能够为大人以及儿童提供良好的放松与参加亲子活动的机会，深受家长们青睐。

◎ 新加坡环球影城

一些亲子团队活动如低难度徒步或定向越野，以及到民族风情浓郁的地区去体验不一样的生活，也是不错的选择。我们曾自驾游黔东南、

西江千户苗寨，感受不同的民族气息，学习尊重不同的民族文化；参加过的"亲子游"旅行团给我们留下深刻的印象，旅行中会设置一些任务要小朋友来完成，增加旅行的趣味性。

✓ 主题乐园、海洋馆、海岛、亲子团队活动、低难度徒步或定向越野、民族风情浓郁的地区等。

✗ 由于儿童的行动能力有限，所以应尽量不去选择对体力要求较高的素质拓展基地、农村体验等。

学龄期（6周岁后至12~13周岁）

对已经入学的儿童而言，已经具备比较成熟的认知能力，能够通过自己的经历以及知识积累，对周边的环境进行独立自主的发现和探索，从而学到一些课堂上难以收获的技能和知识。

他们对于课堂上出现的一些景点，自然也表现出极高的兴趣。在寒暑假时期，只要时间以及条件允许，他们会非常愿意进行户外锻炼，并且乐于野外观光。由于自我保护能力的提高，已经具有进行野外行动的基本能力。

6岁以上的小朋友精力充沛，思维活跃，可以很好地参与到设计行程中来。出发前应了解旅游景点的地理环境、自然气候、风土人情和历史文化。同时，这一时期的儿童是大脑智力快速发育的时期，应倾向于向儿童传输更多有益的知识和见闻，可以安排科技馆、博物馆以及海洋馆等行程。

7岁的小文在陕西历史博物馆跟随专业讲解员了解馆藏文物、历史文化背景，一边观看展品一边专注听讲，历时4个小时。

随着儿童求知欲以及探索欲望的增强，家长可以选择带领孩子前往农场进行美食制作和务农体验，主要以采摘、种植等活动为主，参与性高，有丰富的体验感，这些活动不仅能够开阔儿童的视野，也能够帮助他们提高想象力，主动动手参与，有利于培养儿童的劳动意识。

他们正处在体力和脑力高速发展的时期，线路游玩时间安排可以更长，去学习更多的运动项目，比如滑雪、潜水、攀岩、高尔夫球、马术等等，让旅行与学习新事物相结合。

✓ 历史文化景区、科技馆、博物馆、海洋馆、主题乐园、务农体验、学习运动项目、登山越野、露营、潜水等。

青春期（12～13周岁至18周岁）

👉 青春期的孩子独立性渐强，可以独自参加学校或者正规旅行社组织的夏令营、冬令营、游学等。这可以很好地锻炼孩子的自理能力和适应能力。

选择的活动主题应符合中学生的心理发展特点。例如，带孩子参观大学校园，帮助学生树立理想、缓解考试焦虑等。

旅游活动应当具有适度的挑战性才能激发他们参与的欲望，并能在活动中充分发挥孩子的潜能，释放他们追求超越心理极限时的成就感和舒畅感，如漂流、蹦极、滑翔、探险等极限运动，都能让他们在相对安全的条件下不断突破极限，并在挑战自我中感受成功的快乐。

✓ 夏令营、冬令营、游学、名川古迹、大学校园、安全性高的极限运动等。

增加孩子的旅行记忆

带孩子去旅行，也是亲子教育的一种有效方式。很多人却因各种担心而在这件事上犹豫不决，认为孩子太小带去旅行他们没有感知和记忆，并且划不来。

我认为做一件事，是因为它能让我们感到快乐和满足，而不是那件事能够让我们记住多少。而且，孩子们的认知记忆能力远远超出大人的想象。他们可以记住旅途中的很多细节，只是表达能力、理解能力、总结归纳能力等的不足，限制了他们"旅行记忆"。

如何增加孩子的旅行记忆？我可以把自己的经验介绍给大家。平时不管长短途旅行，还是去一个市区的新游乐场玩，我都会把目的地的景点和酒店照片给小文先看一遍，跟他说整个行程，去哪里和玩什么。这样他去到陌生的地方，内心不会产生抵触情绪。

目的地+行程

新加坡是个非常适合亲子游的国家。去新加坡前我觉得应该更好地让小文了解这个国家，想讲的内容比较多。我便把新加坡的介绍和具体的行程合在一起，做了一个PPT，认真地给他上课。

① 出游前了解目的地

② 旅行前小讲堂

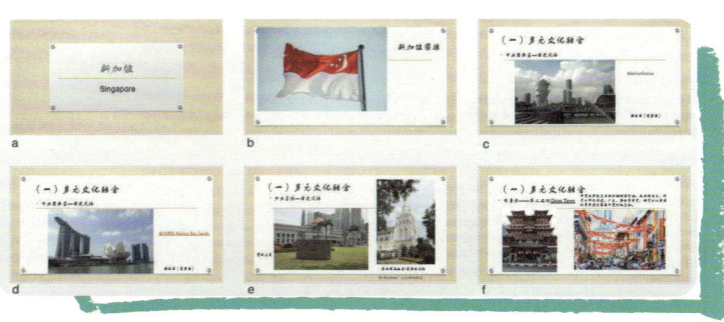

(1) 目的地

首先,让他了解到这个国家在地球上的位置,我们应该如何去;然后是认识国旗,还有新加坡这个名称和一些地名的英语发音及相应的由来。

我想给他介绍新加坡是个多元文化融合的国家,当时他还不到4岁,很难了解什么叫文化。所以我放了很多不同区域景点的图片,配合讲解,让他感受不同的建筑物中的文化特色与差异,还有不同的民族组成这国家所衍生出来的多元的饮食和文化特征。

◎圣淘沙节庆酒店的家庭客房

(2) 行程

①酒店

为了看起来像一个"小小消防员",小文同学时常幻想自己爬云梯去救火,为了满足他爬梯的愿望,我选了圣淘沙节庆酒店的家庭房。离开新加坡的时候小文最舍不得的就是离开这酒店,心心念念下次还要来爬梯。

②游玩

乘坐鸭子船非常有趣,这种水陆两栖船很少见。整个行程就是在水里开半个钟头看两岸景色,在陆地开半小时看当地知名景点。下水那一刻水花四溅,孩子对这种新奇的交通工具最感兴趣。出发之前,小文就用乐高积木搭了一个鸭子船,泡澡时拿着"鸭子船"模拟从陆地到河里的过程。游玩过后更加记忆深刻!也认识了水陆两栖的交通工具。

◎海洋馆

③乐园

圣淘沙景点很集中,住在岛上玩累了中午还能回去休息一下,满血复活再出来玩。在图片里主要给孩子介绍了我们去的三个亲子乐园:水上乐园、环球影城和海洋馆。

④相册

旅行结束之后把每一次的旅行照片做成实体相册,变成永久的回忆。

旅行前给孩子讲个小课,旅行后一起翻阅旅行相册,让孩子的旅途有更多收获。

总结 其实年龄和目的地游玩安排都没有什么严格的界限。以上是我根据孩子的年龄特征和自身经验提供的一些建议。

只有你,才是最懂自己孩子的人。根据孩子的年龄、身体状况、性格、爱好来设计行程路线就可以了。

03 适合亲子的出行方式

近年来"互联网+旅游"的业态形式充分发展，产生了大量在线旅游运营商。我们除了像以往去旅行社选择旅行产品，还可以选择一些口碑良好的品牌旅行运营商。近几年的旅行产品基本都可以在电脑和手机上找到，并能轻松地完成旅行计划和行程的预订。

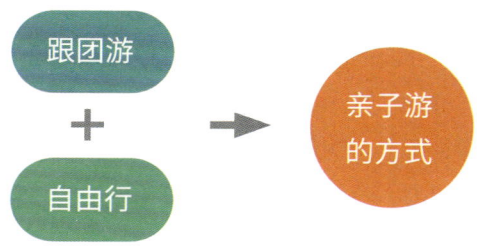

跟团游

选择跟团游

如果我们不想绞尽脑汁、事无巨细地去规划旅行，也不想去解决目的地交通工具和语言不通的问题，那可以选择跟团游。一些传统的观光旅游团可能不是很适合带孩子旅行，现在很多旅行运营商也推出很多亲子游的旅行团，照顾到各年龄段儿童的需求和兴趣。

近年来几乎所有的寒暑假亲子游旅行团都非常火爆，孩子们在亲子游旅行团中还有机会交到新朋友。有的旅行运营商还有定制旅行，涉及一些小众路线，可以"量身定制"，全面地策划亲子游旅行的方方面面，安排路线、交通、食宿并有专门导游陪同。但此类旅行产品往往价格偏高，舒适度与价格也成正比。

注意事项

(1) 行程

选择跟团游，首先要选择正规的旅行社或旅行运营商。其次要清晰地考察旅行路线，判断行程是不是适合家人和孩子。交通工具和团餐、酒店的标准，除了团费之外还有哪些自费项目及可能涉及的手续。有些旅行团规定达到一定人数才成团，如果不成团会提前通知及退费。此时可能影响您的假期计划，要临时重新规划。

(2) 团费

大众普遍认为跟团游中，儿童的团费应该低于成人的团费。实际上，有部分路线却是儿童团费与成人团费持平，甚至高于成人。我的同事带孩子参加了一个普吉岛跟团游，成人团费3699元，儿童团费3999元。因为这条路线是有三个购物点，东南亚常见的购物点如乳胶店等，而成人有一定消费能力，所以以低团费吸引成人报名。在参团之前要注意行程中包含哪些购物点，做好心理准备。

有些人认为汽车旅行跟团游，怀抱婴儿不应该收费。但由于交通部门规定大巴是一人一位，婴儿即使怀抱在手，也占用一个位置，旅行社为了收回成本，所以会适当收取部分费用。

半自由行

近年还有一种跟团游的形式，是半自由行。与普通跟团游相比，半自由行中间会有两三天的时间可以自由安排行程。

> 印度尼西亚美娜多是一个潜水胜地，近年来开通了到中国多个城市的直航，但是只有旅行社的包机，自由行则需要转机。带着孩子出行当然是选择最方便的路线，所以我们选择半自由行的美娜多跟团游。中间两天有自由活动，出发前自己在网上提前联系好潜导，安排了一天布那肯（Bunaken）海洋公园追海豚和深潜，另外一

天则是白沙岛游玩，根据自己和家人的兴趣爱好来安排行程。

请注意

也有打着"半自由行"旅行团的幌子，实则不能离开团队，要另外加收费用去参加这两三天的行程，这些在报团的时候也要特别问清楚，自由行的时间能不能离队自行活动。

◎美娜多追海豚

自由行

想要深度了解一个地方，自由行是非常好的旅行方式。自由行在行程上自由度高，可以自由选择适合的路线、住宿、交通工具，时间安排可以随意调整，行程也可以因人因时改变。

带孩子出游选择自由行被越来越多的家长所接受。在孩子喜欢的地方，我们能多加停留，不喜欢则缩短时间，这些都是我们可以把控的旅行节奏。自由行虽然自由，但是带着孩子，也不能说走就走，衣、食、住、行、游、购都要考虑。

规划行程

在确定旅行目的地之后，开始为行程规划路线。一定要提前做好行程攻略、路线行程规划。了解目的地的经典景点，制定旅游路线，可在旅行交流网络平台上多参考其他相关的亲子游攻略，选择适合自己的行程。

(1) 提前计划

出发之前应该安排好周密的旅行计划，包括时间、路线、食宿的具体计划，相关地图APP、当地货币兑换方式、交通工具的具体时间等。了解当地的风土人情、忌讳等，做好突发事件紧急预案，准备好紧急联系人。

有些交通不便的景点也可以当地参团，比如参加一日游旅行，在网上订购的一日游要找正规的旅行社或口碑较好的旅行团队。

(2) 平衡需求

如果家庭出行或者几个家庭同行，人数较多时，需要很好地平衡大人和小孩之间的需求、不同家庭的需求。带孩子的行程建议尽量放慢节奏，注意劳逸结合，时间安排上不能太过密集，不然这一路上可能都在催促孩子。行程的前两天，孩子会因为环境改变而出现一些不适应，控制好休息时间和游玩时间，松散的节奏更合适，不要太过疲劳。如果孩子有午睡的习惯，尽量把午睡时间留给孩子休息，不在这个时间段安排新景点。

(3) 安全措施

旅行不要带过多的现金，证件贴身携带，以免遇上偷抢之流，蒙受经济损失，遭遇行程中断。一些危险区域，比如原始森林、洞穴悬崖等地方不要单独前往，最好是请当地向导带领。尽管家长需要尊重儿童对目的地选择的诉求，但依旧需要谨慎选择安全性高的旅游项目，尽量不参与高危险度的极限体验项目。

(4) 未知因素

计划好的行程也有可能被一场大雨改变。我们要有心理准备去承受这些未知情况。

记得那年暑假我们从高温的广州来到内蒙古辉腾锡勒草原。我们刚到草原就遭遇断崖式降温，草原刚下了冰雹，狂风暴雨，气温只有7℃，这一天行程就泡汤了，我们只能待在蒙古包里自娱自乐。幸好第二天天公作美，温度虽然还在10℃左右徘徊，但是有大太阳，感觉温暖了很多，我们顺利完成了黄花沟草原景区的游玩，并且因为天气压缩了后面的行程。

◎草原蒙古包

◎黄花沟草原

有时候可能你精心安排了一个远近闻名的景点，但是孩子毫无兴趣。不要因为孩子而影响大人的心情。只需要让孩子去做自己喜欢的事情，比如一个玩具，一个小动物，在他们眼里可能比景点更吸引。大人在释然自己的心态之后，依然可以感受到旅行的美好。而孩子强烈的洞察力也一定会从中有所收获，不会让旅行变成"白走一趟"。

住宿安排

(1) 星级酒店

规范管理、配置齐全，特别是三星级以上的酒店，提供的服务更全面，安全性也高。一些度假酒店本身就包含很多游玩项目，省去了在外奔波游玩的辛苦。

(2) 民宿

为旅客提供当地自然、文化、生产生活方式的沉浸式体验，这种小型住宿能让人更好地感受当地生活。

城市民宿和乡村民宿有所不同，城市民宿多数在繁华地段，出行方便。乡村民宿大部分需要自驾才能到达。

◎茂兰民宿

我们去贵州茂兰时，就选择了两个民宿入住。入住的第一个民宿在五眼桥那片区域。这里的民宿都是当地村民的自建房，可以提供三餐和向导服务，接待我们的是老板娘，给我们做饭的是她儿子，向导是她侄子。晚上老板娘跟我聊起家长里短，可以感受到当地人的热情，很有意思。第二个民宿是在山谷村寨之中，颇有与世隔绝、世外桃源之意境。傍晚看炊烟、夜间观星、晨起撸猫，日子过得悠闲而美好。

(3) 自炊型公寓

这种公寓带孩子旅行是非常好的选择，特别是带年龄较小的孩子出行。最大的优点就是可以自己做饭，在旅程中也能吃到家常便饭。

◎马来西亚新山公寓

马来西亚新山乐高乐园的行程，我们入住了乐高酒店，还有一晚是入住乐高乐园旁边的公寓。当初看中这公寓，就是因为它有厨房，附近有大型超市可以采购食物，可以给孩子做一顿可口的中餐，过渡调节一下。

(4) 度假别墅

别墅曾经是高端身份的象征，如今却有许多出租的度假别墅"走进寻常百姓家"。

一个大家庭或者几个小家庭聚会租一个别墅周末度假是非常好的选择，有管家服务，分摊下来费用也不会很高。可以做饭、烧烤、KTV，小朋友们有场地活动，甚至有泳池、温泉泡池、沙滩等不同的度假元素。

(5) 青年旅馆

适合带稍大一点的孩子入住体验。年轻人聚集的地方会比较热闹，心态开放，青少年会比较容易融入这样的环境。青年旅馆一般价格不贵，经济实惠。但住宿环境多数一般，如果对住宿环境要求比较高的，不建议选择此类。

(6) 房车

有两种体验方式，一种是房车酒店，是安置在户外固定位置的房车，不能开动，房车内部设施一应俱全，起居室、餐厅、卧室、浴室、卫生间，还有小型厨房，水电供应。车外就是原生态美景。

另外一种是真正的房车。既可以短途旅行，也适合长时间的长途旅行。

小文的海南房车之旅让他体验了一个移动的"家"，集衣、食、住、行为一体，将旅行与生活相结合。

◎海南房车之旅

不过驾驶房车需要更好的驾驶技术，国内房车旅行考虑到安全因素也需要停到指定的房车营地，所以对规划行程有较大影响。

> **请注意**
> ①旅行入住酒店或民宿后，要先排查安全隐患，比如地板有没有尖锐异物，把玻璃杯、烟灰缸等易碎物品放到孩子拿不到的地方。电源、插座、电器都需要提高警惕，避免孩子触碰。孩子尽量不要使用酒店里的洗浴用品，以防过敏，要为孩子准备好洗浴用品。
> ②了解住所的安全出口和消防通道，万一遇到危险可以及时撤离。
> ③另外，一些境外酒店入住时要求出示孩子本人的出生证、户口本、身份证或者护照，切记提前咨询清楚要求，备齐证件。

交通工具

亲子游选用什么样的交通工具，也是出发前应该考虑的问题。对很多孩子来说，交通工具是非常有吸引力的，孩子对旅行开始的交通工具有着很高的热情，这意味着他们探索世界的旅程启航了。

选择公共交通，虽然快捷方便，但无法携带太多的随身物品。如果有条件，可以选择自驾游，根据旅行时间和预算安排来做出相应的选择，随走随停，更加自在，适合带孩子出行。通过自驾游来完成亲子旅游的活动方式越来越受到欢迎。

在旅游计划前必须要考虑合理的路线和出行的时间。如果觉得长途开车疲劳，可以选择大交通（飞机、高铁）加上目的地租车自驾游的方式，不仅满足自驾游家庭的实际需求，也可以更好地体验当地的自然环境和人文特色。

不管乘坐哪种交通工具，随身携带一些孩子的玩具、手工、小零食和点心，有利于分散孩子的注意力，帮助孩子在路上打发时间。

总结 亲子旅游对旅游产品的安全性提出了很高的要求。 对安全因素进行全方面考虑：交通工具的选择、旅游服务设施的配套、旅游活动项目的安排及路线的设计等方面。

小贴士

Q: 如何让宝宝睡得安全？

3个月的婴儿就能够自主翻身，而6个月的婴幼儿是翻身好动阶段，睡完一觉后，你会发现婴儿已360度在床上打滚了一圈。不少例子告诉我们，即使在1.8米的大床上，孩子睡在爸爸妈妈中间，半夜还是可能从床尾掉到地上。

一般旅行入住的酒店或者民宿不会像家里设施那么完备，即使打着亲子酒店的名号，也只是以童趣为卖点，多数都没有配备床围。

建议：①咨询酒店能不能租用婴儿床；②因地取材，将酒店的椅子移动到床边，铺上被子，作为临时护栏使用；③自带安全性较高的便携式床围。

另外，尽量穿长袖衫、长裤睡觉，特别是敏感体质的孩子。带上一条孩子熟悉的小毯子，可以帮助孩子在陌生环境中安然入睡。

不要将婴儿独自放在汽车安全座椅、婴儿车等地方长时间睡觉，捆绑的安全带存在窒息风险。对于长时间或夜间睡眠，正确的方法应该是将婴儿的背部平放在平坦、坚固的床垫上。

04 精心准备旅行用品

> 曾经参加过一个类似《爸爸去哪儿》的亲子游，旅行的最后阶段，同组的一个小朋友发烧了，家人很着急，但是爸爸、妈妈、爷爷、奶奶四个大人带的行李里面没有一点儿备用药品，幸好已经从山区来到了小县城。当时我查看了孩子后，给了家长一些用药建议。酒店楼下有药店，给孩子买药服用后，孩子渐渐退了烧。在这之后，这家人匆忙带着孩子提前离队回家了。

药品准备

这件事让我感到意外的是，有些家长出行前真的会忽略了带点备用药！

Q：带哪些备用药物？

旅行中儿童最常见的病就是呼吸道和消化道的疾病，所以这两方面的药物是必备的。外伤处理的医疗用品也需要准备一些。

家长对自己孩子的身体情况是比较清楚的，有些孩子肠胃比较脆弱，容易腹泻，有些孩子容易喉咙发炎，那么相关药物就一定要带上。具体药物会在第二章节中详细阐述。

Q：带多少药量合适？

这个问题很纠结！带多了怕占用行李空间，带少了怕面对疾病措手不及！

在国内大中小城市旅行基本只需备1日的药量，因为药店随处可见，方便随时补充购买，医院也容易找到。

如果去一些交通不便、缺医少药的山区或海岛，又或者出国旅行，存在语言沟通困难、昂贵的医疗支出和行程的耽搁等问题，建议每种药物带3日左右的药量。

记得我们去帕劳旅行的时候，带的药物占了这个儿童旅行箱的三分之一。主要有两个原因：第一，帕劳对入境行李均要求开箱检查，翻查过攻略，发现当地药物入境需要在包装上有明确的英文说明，所以我改变了以往为了省空间不带外包装的习惯，所有旅行备用药物都是完好包装，整盒带走，这也就占了比较多的空间。第二，帕劳是个海岛国家，本土面积小，人口也不多，购买药物不便，医疗水平也一般，所以我备了比较充足的药物。

◎儿童旅行箱

日常用品准备

不同年龄段的准备

（1）婴幼儿

在小文婴幼儿时期出行，我准备的随身携带物品比较多，以下罗列出相关的婴幼儿物品，仅供参考。家长们可以根据每个孩子的日常需求不同，对照调整。

\	饮食相关物品
餐具	①奶瓶、奶粉分装盒； ②水杯、保温杯； ③儿童碗勺、辅食剪； ④口水巾、围嘴
食物	①奶粉、米粉； ②果泥、肉泥、泡芙、饼干、面包、水果等零食
清洁	①湿巾、免洗洗手液； ②餐具清洗液、奶瓶刷、吸管刷
其他	①便携餐椅； ②食品级塑料袋（装食物或小垃圾）； ③母乳喂养可携带大围巾方便外出哺乳； ④小风扇（天热需要，还能在就餐时快速吹凉食物）

	住行相关物品
洗护	①宝宝的专用洗护用品也是要带的,像牙刷、牙膏、沐浴露、洗发水、润肤露、毛巾等;②折叠或充气澡盆(非必需);③面霜、身体润肤液、防晒霜;④纸尿片(纸尿片是小婴儿出门在外必须要带的。大人可根据孩子的年龄、生活习惯和出门天数来准备纸尿片的数量)、湿纸巾、换尿布垫
衣	①衣服、鞋子、袜子、汗巾,宝宝的衣物,最好多带几套方便换洗,也便于根据温度及时增减衣物;②儿童洗衣液或洗衣皂;③泳衣泳裤(游泳玩水需要)
住	①睡衣、睡袋、毯子;②儿童拖鞋(酒店多数不提供);③便携尿壶,便携坐便器
行	①背带或腰凳;②轻便折叠婴儿车(带防雨盖);③防走失手环;④儿童汽车座椅;⑤轻便走路的鞋子
玩	①各种安抚牙胶、安抚玩具(1岁前);②宝宝喜欢的随行玩具、绘本、手工
随身包里备用物品	①奶瓶、奶粉(1岁之前);②适量辅食、零食;③水杯;④便携餐具;⑤口水巾、吃饭用围嘴;⑥干纸巾、消毒纸巾或免洗洗手液;⑦纸尿片、湿纸巾、换尿布垫;⑧两套备换衣服、汗巾;⑨薄毯子;⑩少量玩具、手工

（2）学龄前期儿童

随着年龄增长，需要给小文旅行打包的东西也在慢慢减少。到了这个年龄，我们会让小文同学背着自己的小背包，增加参与感。但是千万不要把重要物品放在小背包里，以免丢失。

其他综合用品	
衣物	①孩子的运动量大，夏天的短袖防蚊裤可多带几件，方便换洗；②秋冬季带一些冲锋衣等防风防水的衣物；③洞洞鞋既可在酒店当拖鞋，又可当凉鞋外穿；④儿童防水鞋套，雨天可以用，沙漠旅行也能派上用场
应急食物	孩子喜欢的小零食、小面包、奶粉等，既可安抚情绪又缓解饥饿。
饮食用具	孩子的小碗、小勺子、筷子随身携带，更干净卫生
出行用品	①背带；②婴儿车；③玩具积木、绘本、平板电脑等；④防走失卡片或手环（注明儿童信息、家长联系方式，并让孩子随身携带）

◎防走失手环

背带
走崎岖的山路，不方便带婴儿车的地方

婴儿推车
城市旅行必备。可以装载孩子出行随身携带的用品

折叠推车
比较轻型便携的遛娃神器。日常去商场、公园适用。外出旅行孩子可能会睡着，坐在上面不安全

5岁以上的孩子基本不需要这些了。如果租车公司不提供儿童汽车座椅，也需要自带。

（3）学龄期及青春期儿童

孩子旅行必需的衣物和日用品，基本同成人一致。需要为他们考虑的是怎么让孩子玩得更尽兴，如长时间的自驾游，带上一些可供消遣的东西，可以是书籍、游戏机、绘画本等。还可以准备一些小游戏，比如你比我猜、你画我猜、成语接龙、编故事接力、猜谜游戏等。另外，"U"形护颈枕也是长时间乘坐交通工具的必备物品。

其他准备

其他综合用品及情况	
夏日、沙滩防晒用品	①防晒霜；②太阳帽；③墨镜；④防晒衣；⑤沙滩鞋；⑥防水手机袋
证件	儿童的户口本/出生证/身份证/护照/签证/通行证等，根据目的地需求选择。务必装入防水文件袋中
境外	转换插座（各国电压不同）、电话卡（国际、当地）
保险	购买旅行保险是对人身和财产全方位的守护。比如一些保险公司拥有自己的全球救援中心，在境外遇险可以马上求助。还可以承保热门娱乐项目，如跳伞、潜水、滑雪、攀岩等。在购买保险时要注意保障方案和免责条款
紧急情况	境外可联系所在地的中国驻该国家或地区的大使馆还有驻该城市的领事馆寻求帮助，并联系保险公司，准备好相关文件，如护照、保险合同等

总结：一段美好的亲子旅程首先得益于出行前旅行用品的精心准备。日常用品和药品是最重要的两部分。

第二章　防治小儿旅途常见病

几招缓解感冒症状

感冒，医学上称为"急性上呼吸道感染"，在儿童旅行中发生概率很高。小文第一次出国是刚2岁时到越南芽庄旅行，这次旅途中就经历了一场感冒。当时我及时帮他缓解感冒症状，让他在旅途中没那么难受。

小朋友外出旅行，可能会乘坐飞机、火车等交通工具，在这些密闭不通风的空间里，飘浮着病毒、细菌等病原体。孩子甚至可能直接接触到感冒患病人群，孩子本身抵抗力就比成人差一些，加上旅途劳累、受凉、饮食不洁、水土不服等因素，使身体免疫力更低，感染病原体的概率变高。

儿童感冒症状

感冒多数是由病毒引起的，小部分是由细菌感染和其他病原体感染引起的。

普通感冒VS流行性感冒

普通感冒	多由鼻病毒、呼吸道合胞病毒、腺病毒和柯萨奇病毒等引起
婴幼儿感冒的症状多种多样	有些孩子出现比较典型的感冒症状：鼻塞、流鼻涕、打喷嚏、咳嗽、咽痛
	有些孩子仅发热，可突发高热，体温达38～40℃左右，持续1～2天，极少数患儿还会因此而抽搐
	有些患儿会有腹痛、恶心呕吐、腹泻等消化道症状，即胃肠型感冒，常常被误为肠胃炎
	较小的婴儿可因鼻塞而张口呼吸或拒乳
流行性感冒	由流感病毒引起，传染性强。如果大人孩子同时出现高热，要警惕可能是"流感"。通常起病急，全身症状较重，反复高热、头痛、全身酸痛症状明显，体温可达39～40℃，一般持续2～3天后减退。部分患者会伴有呕吐、腹泻等胃肠道症状

感染病毒后，身体就会开始与病毒展开激烈的斗争。人体合成分泌新的抗体来中和体内病毒，这过程大概一周。病毒感染多是自限性疾病，如果症状不严重，完全可以不用药物治疗而痊愈。而流感病毒感染早期可口服抗流感病毒药物（如奥司他韦）。

病毒感染VS细菌感染

其实很难从症状上准确地界定是病毒感染还是细菌感染所致的感冒表现，从医生的角度更多是凭经验、临床表现和血常规等检查来进行区别。感冒的症状主要表现在上呼吸道包括鼻部、咽、喉部位的症状。

病毒感染的感冒	细菌感染的感冒
多出现打喷嚏、流清涕、鼻塞、发热、头晕、咳嗽	咳嗽、咳痰（黄绿色浓痰）、流脓涕、发热、咽喉肿痛、扁桃腺发炎红肿，甚至出现脓性分泌物
一般发热会反复2~3天，病毒感染起病急，全身症状可轻可重	低热2~3天，之后持续高热，全身症状明显
有群发特点，由于它是通过唾液飞溅等方式传播，常见一家人中有数人发病，或者同一旅行团短期内多人发病	以散发多见
主要还是依靠人体的免疫力，我们常用的感冒药只能缓解和控制感冒的症状	细菌感染需要服用抗生素治疗，建议在医生指导下用药。使用抗生素药按医生交代的用量和次数，足量足疗程使用

对症用药

由于旅行中生病得不到很好的休养、护理和饮食调理，所以针对某些症状我们还是要适当用药，减轻感冒症状，让孩没那么难受感觉舒适一些。

西药的感冒药中，主要有效成分是退热镇痛抗炎、抗过敏、减轻鼻黏膜充血、镇咳、祛痰这五个方面。

症状	选用感冒药	药品关键选择
发烧、头痛、关节痛	含解热镇痛抗炎药物成分	对乙酰氨基酚 布洛芬
流鼻涕、打喷嚏	含抗过敏成分	马来酸氨苯那敏（扑尔敏）氯雷他定等
鼻塞、鼻黏膜充血	伪麻黄碱	伪麻黄碱
咳嗽	含减轻鼻黏膜充血成分	右美沙芬等
祛痰	含祛痰成分	氨溴索 乙酰半胱氨酸等

（注：以上药品，仅供参考，实际应用，请遵医嘱）

如果出现多种症状，可根据实际情况选择复方药。

经常有家长说孩子流鼻涕就吃了小儿氨酚黄那敏颗粒。那么，流鼻涕可以吃这个复方药吗？这就需要分析一下药物成分。

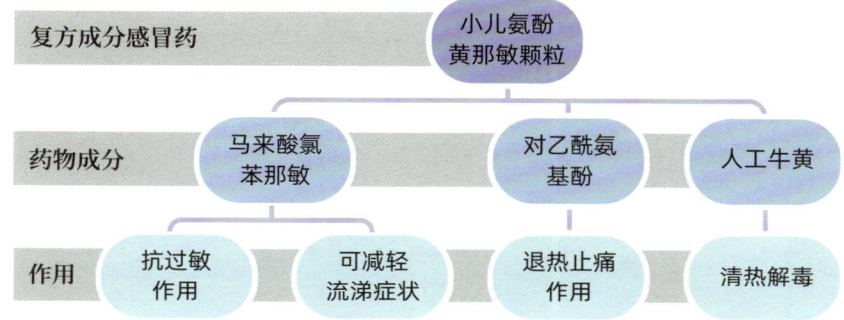

（注：以上药品，仅供参考，实际应用，请遵医嘱）

👉 **总结**

　　小儿氨酚黄那敏颗粒适用于风热感冒状况之下出现的发热、鼻塞流涕、头痛等症状。如果孩子没有发热，不建议使用。同时，风寒感冒也不适合用。

　　感冒药种类很多，须注意药物成分及适用年龄。药物作用和孩子感冒出现的症状都对得上才能使用。2岁以下婴幼儿尽量少用复方感冒药物。

　　另外，蚕豆病（G-6-PD缺陷症）患儿选择退热药及感冒药、中成药要谨慎，用药前先咨询医生。比如对乙酰氨基酚和牛黄均可能诱发蚕豆病患儿出现溶血，含对乙酰氨基酚成分的任何制剂任何剂型均不能被蚕豆病患儿使用，也不能服用小儿氨酚黄那敏颗粒。对于这种患儿，退热药可以选择布洛芬。

中成药

证型	临床表现					中成药
	鼻涕	咽喉	痰液	舌苔	其他	
风寒感冒	清	痒/不痛	清稀	薄白	发热无汗	风寒感冒颗粒 午时茶颗粒 荆防颗粒
风热感冒	色黄浓稠	红肿疼痛	黏稠发黄	薄黄	发热较重	抗病毒口服液 清开灵颗粒 板蓝根冲剂 桑菊感冒颗粒 小儿豉翘清热颗粒
暑湿感冒	黏稠	红/不红	黏稠	薄白或腻	高热无汗，头痛身重，呕吐、脘腹胀满（夏季发病）	藿香正气液（无酒精）

（注：以上药品，仅供参考，实际应用，请遵医嘱）

风寒感冒选择以防风、苏叶等解表散寒为主要成分的药品，风热感冒选择金银花、板蓝根、菊花、薄荷、桑叶等成分为主要成分的药品，暑湿感冒用解表化湿如藿香、佩兰等成分的药品。家长要看清楚中成药的说明书，结合孩子的临床症状，以免适得其反。

缓解感冒症状

发热、头痛

(1) 温水擦浴

天气寒冷时，用温水擦浴，用37℃左右的温湿毛巾进行擦澡，擦拭部位为全身包括孩子的额头和面部。按头部、双上肢、背部、双下肢的顺序进行，其中腋窝、肘窝、手心、腹股沟、腘窝等部位可稍用力，一般擦浴时间不要超过15分钟。

天气暖和时，可给孩子泡澡，水温最好保持在38℃左右，泡5～10分钟。

 禁止使用酒精擦浴，以防酒精中毒。

(2) 小儿推拿

① "头面四大手法"，包括开天门、推坎宫、揉太阳、揉耳后高骨，常用于治疗小儿感冒轻症，发热、头痛等症状。

开天门
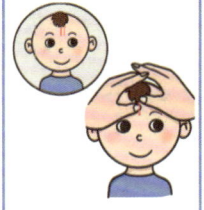
穴位在两眉头正中至前发际线的直线上。操作时双手拇指由两眉头之间交替向上直推到额头上的发际处。动作由轻到重，可进行30～50次

推坎宫

穴位为自眉头起沿眉棱骨至眉梢成一横线，左右对称。操作该穴位时，孩子可呈卧位，家长两手固定在孩子的头部上，双手拇指同时自眉头向眉梢推，可推50～100次

揉太阳
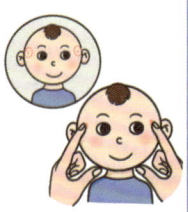
穴位在外眼角与眉梢连线交点后方凹陷处。操作时双手中指按压住穴位，由轻至重地揉按即可。可揉50～100次

揉耳后高骨
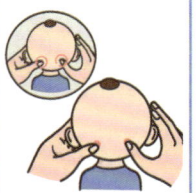
穴位在耳后乳突下的凹陷中。操作时可用双手拇指或中指端在耳后穴位处揉按。可揉30～50次

043

②高热加推"大椎穴"。

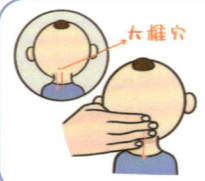

大椎穴位于第七颈椎棘突下凹陷处，取穴时让孩子低头，摸到后颈部隆起最高点，下缘凹陷处就是该穴位。自上而下推大椎 200 次，可泄热退烧、缓解头痛

流鼻涕、打喷嚏

(1) 正确擤鼻涕

有些小朋友在擤鼻涕的时候，习惯用手把两侧鼻孔都捏住，再从两鼻孔同时用力擤出鼻涕。

鼻腔和中耳之间是通过咽鼓管连通的。儿童的咽鼓管又短又平，如果擤鼻涕时捏紧了双侧鼻孔，压力就会迫使鼻涕向后挤到咽鼓管，涌向中耳腔，而鼻涕中含有大量的病毒和细菌，很容易引发中耳炎。

下面介绍两种正确的擤鼻涕方法：

①清鼻涕比较容易流出来的情况下，让孩子直接擤鼻涕再用纸巾擦掉

②先用一指压住一侧鼻翼，让孩子闭上嘴，适当用力将鼻涕擤出。将鼻涕擦净，再换到另一边，两侧交替进行

孩子如果鼻涕较多，经常擦拭容易导致鼻周皮肤红肿脱皮，更甚者皮肤皲裂疼痛。所以最好用湿纸巾或湿毛巾轻轻擦拭，每次擦拭后再涂一点保湿润肤乳在鼻腔周围，保护皮肤。

(2) 吸鼻涕

2岁以下小孩还不会擤鼻涕，可以用吸鼻器将鼻涕轻轻吸出。鼻涕很黏稠不易吸出，可以用生理盐水喷鼻剂先喷洗鼻腔，再用吸鼻器吸出。

吸鼻器推荐：防逆流的口吸式吸鼻器，可以较好地控制吸引的力度。

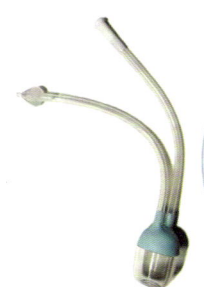 

(3) 食疗方法

①葱白水：孩子刚开始流鼻清涕时，喝葱白煮水是有效减轻症状的方法。葱白是包括大葱须根在内的葱段，只把它上部的绿色葱叶去掉。取葱白2～3段煮10分钟左右，取出后放在碗中趁热服用。

②姜汤：生姜性温，能发汗解表，有助缓解因风寒感冒引起的流清涕、打喷嚏、鼻塞等。受风寒时，不妨喝一小碗热姜汤至微微出汗。高热、有汗、咽痛的风热感冒不适用此方。

(4) 小儿推拿

流涕不止的时候，可采用"黄蜂入洞"的推拿方法。左手轻扶患儿头部，使患儿头部相对固定，右手食、中两指的指端着力，紧贴在患儿两鼻孔处，作反复不间断揉动50～100次。

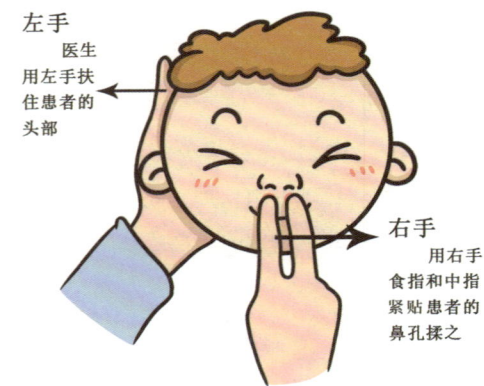

左手　医生用左手扶住患者的头部

右手　用右手食指和中指紧贴患者的鼻孔揉之

鼻塞、鼻痒

(1) 盐水洗鼻

经常清洗鼻腔有助缓解鼻子不通气的症状。可以用带喷头的生理盐水直接喷鼻腔，或凉开水加少许盐，拿小棉签浸湿，缓缓清洗。鼻塞严重时，可以垫个枕头，使上半身呈30度角倾斜。

(2) 清理鼻屎

通常流涕1～2天后就会出现鼻塞，这是因为鼻内黏膜损伤后肿胀或者鼻内分泌物增多阻塞鼻腔。鼻腔内出现成块的鼻屎阻塞也会引起呼吸不畅致张口呼吸的情况。

先往宝宝鼻腔中滴几滴生理盐水（或开水放凉成38℃的温水），等到干结的分泌物湿润变软后，再用吸鼻器吸出来就可以了。

如果分泌物仍较干，可以重复1～2次滴入生理盐水，令其变软。少量的鼻屎和鼻腔黏性分泌物，可以用棉签蘸少量的温水轻轻除去。

千万不要用手去抠鼻屎！干结成块的鼻屎会粘紧鼻腔黏膜，宝宝的鼻黏膜非常脆弱，很容易造成鼻出血。

(3) 蒸气熏脸

吸入温度适宜的热蒸气，有助缓解鼻塞。可将温度适中的热水倒入杯中，缓缓深吸蒸气5～10分钟，早晚各一次。泡个热水澡也可让鼻子呼吸更通畅。

(4) 揉迎香穴

孩子鼻塞加揉迎香穴。

定位：鼻翼外缘，鼻唇沟凹陷处。

方法：用两手指旋转轻揉60次，至鼻内有通气的感觉为宜，一般早、中、晚各1次。

预防感冒

第一，旅途中在公共场所、人多的地方尽量戴好口罩，回避感冒者，做好自我保护工作，戴口罩是有效防止病原微生物通过呼吸道进入体内的最便捷和有效的隔离方法。

第二，旅途中自带温水，多喝水补充水分，合理搭配饮食。

第三，注意天气的变化，适时增减衣服，避免忽冷忽热，防止风邪侵袭。

第四，每天勤洗手，保持手、眼、口、鼻的卫生。

第五，保证良好的夜间睡眠，睡眠保持得好可以消除疲劳，恢复体能。

第六，按时接种流感疫苗；日常锻炼身体，提高自身免疫力。

口罩的正确使用方法

① 将口罩的皮筋绕到耳朵后面

② 拉开口罩,完全覆盖口鼻和下巴

③ 按压金属条,使其贴合鼻梁两侧

④ 只触碰口罩的橡皮筋,将口罩摘下

⑤ 将废口罩扔进垃圾桶,不要重复使用

⑥ 彻底清洗双手

医学小贴士

Q: 旅途中突发高热惊厥怎么办？

旅途中，孩子发热会让家长充满恐惧和焦虑。而事实上，发热其实是人体的自我保护机制，也就是说发热是人体在调动自己的免疫系统来跟病菌打仗时表现的一种症状。但是婴幼儿由于体温调节中枢还不是很稳定，容易发高烧，甚至反复高热，并且因为自身神经系统发育尚未完善，容易出现高热惊厥。

世界卫生组织推荐，当孩子发热体温超过38.5℃的时候要服用退热药。对乙酰氨基酚和布洛芬是目前比较安全有效的两种儿童退热药。

一旦孩子高热出现抽搐，父母要马上这样做：

①把孩子放到平坦的地方，如床上，不要垫枕头。让孩子侧躺，头偏向一侧，松开领口和衣服，清理孩子鼻腔、口腔分泌物，保持呼吸道通畅。

②观察孩子情况，惊厥过后立刻到医院就诊。

③要记住孩子惊厥出现的症状，开始时间和持续时间，比如有无双眼上视、口吐白沫、紧握双拳。到医院就诊时要告知医生这些情况。

④孩子出现一次高热惊厥之后，在以后发热时也会容易再次出现惊厥。父母要特别注意孩子的体温，及时服用退热药物。

02 咳嗽治疗寒热有别

咳嗽是小朋友常见的症状,也是家长们非常头痛的事情。旅途中孩子咳嗽需要用药治疗吗?

咳嗽是一种人体的保护机制,是帮助排痰的反应。感冒咳嗽后的呼吸道损伤一般需要2周以上的修复时间。所以,即使感冒的病原体已被清除,呼吸道的修复还需要时间,咳嗽"手尾(指后续、解决的过程)"有时会比较长。

咳嗽表现特征

咳嗽分寒热

旅途中孩子出现咳嗽,多为外感引起。初期表现为轻微的咳嗽,之后可能伴有发热、鼻塞、流鼻涕等表证。外感咳嗽分为风寒咳嗽和风热咳嗽。

教大家区分寒热咳嗽最简单的方法,就是看3个方面:喉咙、痰、舌苔。

咳嗽类型	喉咙	痰	舌苔
风寒咳嗽	不痛	稀白	·舌淡红 ·舌苔薄白
风热咳嗽	疼痛	黄稠	·舌质红 ·苔薄黄

低龄小孩一般不会吐痰,有痰咳出来后又会吞进去,不便于观察。痰多、咳得厉害时,可能会把痰液呕吐出来,这时候要观察痰是什么颜色和质地,有助于我们鉴别咳嗽的属性,即属于风寒咳嗽还是风热咳嗽。

区分感冒与肺炎

类别	肺炎	普通感冒
体温	身体大多会发热,体温超过38℃,持续3天以上,使用退热药只能暂时缓解,药效过后又再次发热	身体部分会有发热,通常低于38℃,持续时间较短,发热不频繁
咳嗽、呼吸	咳嗽、咳喘严重,甚至呼吸困难。如出现憋气、两侧鼻翼随着呼吸明显翕动、口唇发紫,说明比较严重,需尽快就医	咳嗽症状较轻。即使是支气管炎时咳嗽、咳痰比较多,也极少伴有呼吸困难
胃口	不爱吃东西,不吃奶,因憋气哭闹不安	食欲差一些,食量减少,但程度较轻
睡眠	睡得多、易惊醒,夜间咳嗽多,呼吸困难加重	睡眠基本正常,会因鼻塞睡不安稳
听胸部	贴在孩子胸前可以听到"咕噜咕噜"的声音	没有痰声

经常见到小月龄宝宝不怎么咳嗽，却已经是肺炎了。这是由于他们的发育还未健全，咳嗽、咳痰反射较差。这个要引起家长的重视。

👉 4个月以内的婴儿咳嗽，出现口吐泡泡、呼吸急促要尽快就医。当孩子反复黄痰不断、咳嗽增多，要检查是否由细菌或支原体引起的咳嗽，有无肺部感染，及时对病原微生物进行治疗。如果同时伴随着流黄涕，咳嗽以平躺时和晨起多见，则要去耳鼻喉科就诊，看看是否属于鼻窦炎引起的咳嗽。

对症用药

西药

我们可以先看一下这些复方止咳药的具体药物成分和功效：

类别	成分	功效
抗组胺药	马来酸氯苯那敏 盐酸苯海拉明	具有抗过敏的作用，减轻打喷嚏或者流涕等症状，同时减少痰液分泌物，缓解咳嗽。苯海拉明可直接作用于咳嗽中枢，抑制咳嗽反射
镇咳药	氢溴酸右美沙芬 磷酸可待因	抑制延脑的咳嗽中枢而发挥作用。右美沙芬镇咳强度与可待因相等或略强，无镇痛作用，无成瘾性。可待因有成瘾性
祛痰药	愈创木酚甘油醚 愈创木酚磺酸钾	能刺激胃黏膜反射性地引起呼吸道分泌较稀的液体，使呼吸道痰液变稀而易于咳出，从而减轻咳嗽

（注：以上药品，仅供参考，实际应用，请遵医嘱）

干咳 止咳药物比如复方氨沙美酚、惠菲宁、复方福尔可定这一类,是针对咳嗽少痰,以治疗干咳为主比较适合。

含中枢镇咳药(右美沙芬、福尔可定)不建议给2岁以下儿童使用。儿童的呼吸系统尚未发育成熟,咳嗽反射能力较差,特别是婴幼儿,痰液不容易排出,如果给予强力止咳,使痰液滞留在呼吸道,反而容易引起肺炎等更严重的呼吸系统疾病。

 含有可待因的止咳药禁止给12岁以下儿童服用。

痰多 咳嗽痰多或者有痰难咳出,可选择化痰药,比如氨溴索口服液、氨溴特罗口服液。

过敏 孩子出现痉挛性、刺激性咳嗽,考虑过敏性咳嗽,可以用抗过敏药物治疗,如西替利嗪、氯雷他定、孟鲁司特钠等,减轻气道敏感,还要注意排查过敏原。

气喘 孩子咳嗽伴有气喘,需遵医嘱使用支气管解痉药,如丙卡特罗口服液。

中成药

外感咳嗽日久不愈,就会发展为内伤咳嗽,出现痰湿、肺热、肺燥、食积等不同证型(中医证型,中医学术名称),根据外感咳嗽和内伤咳嗽不同的临床症状,我们可以对症选择中成药来治疗。

	类型	症状	用药
寒	风寒咳嗽	咳嗽频作,咽痒声重,鼻流清涕	杏苏止咳糖浆、三拗片
	痰湿咳嗽	咳嗽痰多色白质稀	祛痰止咳颗粒,二陈丸,橘红痰咳液或颗粒

(注:以上药品,仅供参考,实际应用,请遵医嘱)

(续上表)

	类型	症状	用药
热	风热咳嗽	咳嗽，无痰，或有痰色黄稠，不易咳出，咽干疼痛	急支糖浆
	肺热咳嗽	反复咳嗽、咳黄痰，伴有口干、咽痛	小儿清肺化痰口服液 肺力咳合剂 小儿肺热咳喘口服液
	肺燥咳嗽	干咳少痰	川贝枇杷膏
	食积咳嗽	咳嗽痰多，积食不化，舌苔厚腻	小儿消积止咳口服液

（注：以上药品，仅供参考，实际应用，请遵医嘱）

缓解咳嗽

夜间咳嗽

（1）垫高头部

夜间咳嗽，喉中有痰，因为平躺时呼吸道中的分泌物容易积聚而刺激咽喉引起咳嗽，最好将枕头垫高成一个小斜坡，或者用两个枕头把头颈和背部从高到低同时垫高，一个横放，另一个竖着搭在上面，呈"T"字形。

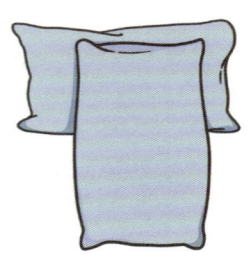

（2）热水袋敷

孩子外出旅行受到外界的冷空气影响而着凉咳嗽，也会表现在夜间咳嗽增多。将热水袋灌满40℃左右的热水，外面用薄毛巾包好，然后敷于孩子上背部，这样可以加速驱寒，减轻咳嗽。

睡觉时注意给孩子保暖,穿好睡袋。再次外出的时候,把口鼻防风措施做好,给孩子戴上口罩,做好前胸和后背的保暖工作。

咳嗽痰多

(1) 拍背排痰

正确使用拍背排痰方法帮助孩子排痰,既安全又有效。

①拍背姿势:家长坐在椅子上,用一只胳膊挡在宝宝的前胸部,手握住宝宝的腋下位置。让宝宝坐在大腿上,或将宝宝的腹部和腿都放在自己的腿上,让宝宝的身体与地面保持平行,或是略微往下弯。

②拍背排痰方法:首先将四只手指伸直并拢,掌指关节屈曲,呈空手心状,拇指伸直与其他四只手指靠拢,然后从下向上轻轻叩击孩子的后背,最后孩子的痰通过咳嗽排出体外。

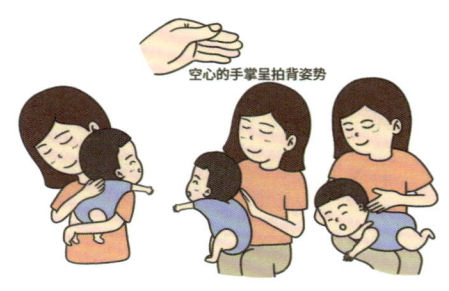

③注意事项:清晨起床之后是拍背排痰的最佳时期;平时拍背,应该是在孩子吃奶或进食之前;饭后的1小时内不要拍。一次大约拍10分钟,一天拍4次,持续3~4天。

拍背的最佳力度就是要发出啪啪的声响,不要太轻,因为力度太轻无法起到震荡的作用,就不能把呼吸道中黏稠的痰液震荡下来。

在拍痰过程中要随时注意孩子的脸色和呼吸,孩子感觉不适可以休息一会,等呼吸平稳后再继续拍。

（2）紫苏陈皮水

紫苏（5克）与陈皮（3克）加入适量红糖后，用沸水冲泡，代茶频饮。

可稀释痰液，加快痰液排出，适合风寒感冒、咳嗽痰多，对支气管起到扩张作用，改善痰湿型的咳嗽。

小儿推拿手法

天突穴

位于：颈部，正中央线上，胸骨上窝中央

采用指压，按压5秒后，停5秒再继续按压，如果孩子能配合按压过程中持续吐气更好，反复3次

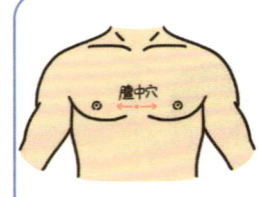

膻中穴

位于：两乳头连线的中点，胸骨中线上

揉膻中：用大拇指按揉2分钟

分推膻中：用双手拇指腹自膻中穴向外分推，约200次

咳嗽饮食注意

①尽量安排清淡、易消化的食物，比如米粥、汤面等半流质的食物；

②风热咳嗽、肺热、肺燥咳嗽可以喝冰糖雪梨水，有润肺止咳的作用，风寒咳嗽不适用；

③不能吃辛辣刺激食物，会刺激咽喉加重咳嗽；

④寒冷食物也会加重咳嗽，比如冰冻饮料、生冷果汁；

⑤蛋糕、糖果、蜜饯等甜食含糖量高，会让喉咙黏腻，使得咳痰更多。

医学小贴士

Q: 发烧、感冒、咳嗽如何穿着？

感冒咳嗽的低龄儿童只需要比大人多穿一件（平均厚度的）衣服即可。当婴幼儿发烧时，反而要适当减少衣物。家长不要把孩子捂得太严实，注意孩子的体温。对1周岁以下的婴儿来说，穿太多、盖太多很容易诱发捂热综合征，非常危险。

洋葱穿衣法

秋冬季节孩子容易着凉，保暖穿衣是关键！

秋季分为初秋和深秋两个时段。初秋适宜用短袖和薄外套过渡，外套可防温差以及突然的降温；深秋则是将短袖替换为长袖T恤、衬衫、薄棉服，以及防风更好的外套。冬季寒冷时外穿厚棉服、羽绒服。

秋冬季节旅行穿衣可参考下图的"洋葱穿衣法"：

里层：排汗功能良好、手感柔软的内衣；

中层：羊毛衫、针织毛衣、马甲之类的保暖衣物；

外层：防水防风的棉衣、羽绒服；

下身：秋裤加棉裤或羽绒裤。

03 又吐又泻别慌了神

小孩在旅途中突发腹痛，又呕吐又腹泻，常常让家长慌了神。当出现这些情况的时候，家长首先要冷静下来，仔细观察，看看孩子有没有其他不适的症状。

消化道症状

引起腹痛的原因	出现症状
消化不良	①腹痛伴有腹胀，肚子鼓鼓的；②疼痛程度不重，饭后胀痛明显一些
腹部着凉	①疼痛集中在肚脐及其周围区域，腹部疼痛时轻时重；②可以听到肚子"咕噜咕噜"的声音；③大便很稀，一般排便后腹痛减轻，哭闹减少
肠道感染	①腹痛，伴有呕吐、腹泻、发热；②腹痛是一阵一阵的；③呕吐或者排便之后，腹痛可以暂时缓解，但一会儿又开始疼痛
肠套叠	①阵发性有规律的哭闹，伴有面色苍白、额头冷汗，持续十几分钟后安静下来，一会儿又开始哭闹，哭闹越来越频繁；②呕吐，吐奶或食物残渣、胆汁；③果酱样大便，呈暗红色；④腹部可以摸到肿块，如腊肠样；⑤腹部绞痛
肠绞痛	①腹部疼痛非常剧烈，在每天同一时段出现剧烈哭闹，声音凄厉，怎么安抚都不行；②当哭声停止时身体还在颤抖，面色苍白

腹痛

儿童腹痛的原因很多，可能是内科疾病，也可能是外科疾病，分身体部位来看，腹内脏器病变或是腹外病变，都可能引起腹痛。因为大部分孩子都不能很好地表述肚子疼痛的感觉和部位，所以腹痛可以说是让儿科医生"提心吊胆"的疾病，需要考虑的比较多。

不同年龄儿童的腹痛，其常见疾病也不尽相同。

肠痉挛多见于3个月以下的幼婴，常是喂养不当或吞咽空气过多所致。

肠套叠、嵌顿性疝以及肠道感染多见于两岁内的小儿，并且肠套叠、嵌顿性疝是急症，要紧急治疗，甚至马上手术，不然可能会出现肠坏死。

胃肠道感染、肠寄生虫病、肠系膜淋巴结炎、胆道蛔虫病、大叶性肺炎、腹型癫痫、过敏性紫癜等引起的腹痛，以年龄比较大的儿童多见。

腹泻

腹泻是人体排泄出肠道废物的一种自我保护性反应，也是排出病菌的有效途径。引起孩子旅途中出现腹泻的原因也很多，我们可以根据症状来寻找病因。

引起腹泻病因	出现症状
秋季腹泻（轮状病毒）	①初期呕吐伴有发热，1～2天后出现腹泻；②大便次数增多，每日5～6次，甚至多达十几二十次；③大便比较稀，水样便或蛋花汤样的大便，尿量减少；④多于秋冬两季发病，病程在1周左右，严重会导致脱水
细菌性肠胃炎	①上吐下泻，腹痛剧烈，腹痛的范围比较集中；②大便次数增多，带有黏液或血液、有腥臭味
喂养不当、积食	①给孩子吃的东西太多太杂，吃得太油腻，还有一些刺激性食物，导致消化不良而引起腹泻；②辅食添加过早或者是给宝宝添加的辅食种类过多；③大便次数多，比较酸臭，可能带有未消化的食物残渣或奶瓣，爱放屁
腹部受凉	①孩子睡觉时踢被子，白天腹部裸露，腹部受凉导致排便次数增多；②大便呈稀烂状

大多数病毒感染的胃肠炎都是有自愈性的，比如轮状病毒、诺如病毒。现在的治疗手段可改善症状、缩短病程以及减少并发症。

区分是细菌性腹泻还是病毒性腹泻，我们要考虑孩子的年龄。1岁以下的婴幼儿，以母乳和奶粉喂养为主，接触污染食物的机会不大，所以较常出现的腹泻为病毒性腹泻。而年龄稍大的儿童，进食种类复杂，容易食入被细菌污染的食物，尤其是夏秋两季，以细菌性腹泻为主。

对于孩子腹泻，我们要适当使用药物治疗，积极预防和治疗水电解质紊乱。在旅途中吃了不干净、不卫生或者煮不熟的食物引起的吐泻，是细菌感染引起的胃肠炎的可能性比较大，需要在医生的指导下配合使用抗生素进行治疗。

有条件的话最好留取大便送往医院检查,可以用干净的一次性杯子或者保鲜袋(膜)装好,为了避免大便变质,应在1个小时内尽快送到医院检查。不能放在尿不湿上面,以免水分被吸收。

呕吐

小朋友的肠胃非常娇嫩,比较容易出现呕吐的情况。小儿呕吐的原因有很多,只有知道了造成呕吐的具体原因才能够做到对症下药。

引起呕吐的病因	临床特点
喂养、进食不当	一次进食量较多或食物不易消化,出现呕吐
消化功能异常	①感冒、发烧、咳嗽引起呕吐;②在发高烧、恶心、食欲减退的同时出现呕吐;③随着其他症状减轻,呕吐消失
消化道感染性疾病	①胃炎、肠炎、痢疾、阑尾炎等疾病,由于局部刺激可引起反射性呕吐;②多伴有恶心、腹痛及腹泻等其他消化系统症状
神经系统疾病	①脑炎、脑膜炎、头颅内出血或肿瘤以及颅脑外伤等中枢神经系统疾病也会引起呕吐;②呕吐前无恶心感,呕吐呈喷射性为特点;③同时伴有头痛、精神萎靡、嗜睡甚至抽搐、昏迷等
精神因素	有些孩子可能会因为某些原因造成的精神过度紧张或焦虑引发呕吐
中毒	几乎各种中毒都有呕吐症状,如食物中毒、被有毒动物咬伤和刺伤、植物及药物中毒、农药中毒等

> 什么情况要马上去医院呢？
> 如果孩子出现以下症状，需及时就医：
> 第一，疼痛剧烈超过1小时，或因腹痛连续哭闹超过15分钟；
> 第二，孩子肚子不让按压，触碰一下就痛；
> 第三，大便带血或大便暗红色、黑色；
> 第四，呕吐频繁，喷射性呕吐；
> 第五，出现脱水症状比如尿量减少、口唇干燥、皮肤没有弹性、手掌干粗、脸色差、全身虚脱。

对症用药

西药

（1）黏膜保护剂

蒙脱石散：临床上广泛用于成人和儿童急性、慢性腹泻，食管炎，慢性胃炎以及口腔溃疡等胃肠道疾病的治疗。

蒙脱石散在肠道不被吸收，但能吸附在肠黏膜上，可修补损伤的肠黏膜，改善肠道对水、电解质的吸收，起到止泻的作用；又可吸附和固定细菌与病毒，继而随大便排出体外。

蒙脱石散安全有效，副作用偶见便秘。这类止泻药的用药原则是不能让孩子腹泻到脱水的程度，但也不完全是不排便。如果不排便，可能会让大量的病毒、细菌在肠道不能随大便排出体外，而使身体发热反复。

> 注意
> ①首剂加倍量服用；
> ②一定要用温水送服；
> ③水量50毫升左右，千万不可调成糊状服用；
> ④为避免药物相互作用，与其他药同服需间隔2小时以上。

(2) 微生态制剂

益生菌：是一种稳定性高，并且无毒和无副作用的活性微生物。对于炎症或者胃肠道菌群紊乱导致的腹泻有较好的治疗作用。

孩子出现腹泻的时候，可以选择鼠李糖乳杆菌、布拉氏酵母菌、双歧杆菌、罗伊乳杆菌、嗜酸乳杆菌等。

👉 注意

①为保持菌群活性及浓度，送服益生菌胶囊或者冲调粉剂的水温应低于体温(37℃)，冲调水量不超过80毫升，在冲泡后即刻服用；

②最好饭后20分钟后服用；

③避免与抗生素一起服用，要与抗生素服用需间隔2小时以上；

④部分益生菌明确要求必须放进冰箱冷藏储存；

⑤外出旅行可以选择不需要低温保存的益生菌，比如布拉氏酵母菌散，只要25°以下避光干燥保存就可以了。

(3) 口服补液盐

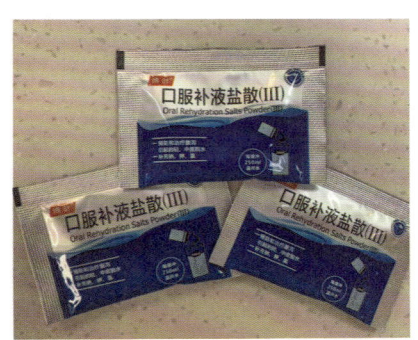

口服补液盐是世界卫生组织推荐的治疗小儿腹泻脱水的最佳方法，安全有效，用于治疗腹泻引起的轻度、中度脱水。

腹泻呕吐都会让我们的身体流失电解质，口服补液盐可以为我们补充钠、钾、氯。用法是一袋量溶解于250毫升温开水中，随时口服。

👉 自制补液盐水（糖盐水）

如果就医条件有限，旅途中家长可以按以下的配方自制补液盐给孩子服用。

白糖10克、食盐1.75克，加入500毫升温开水中饮用。

服用方法：自腹泻开始服用，每千克体重饮用50毫升左右（如10千克的小朋友服用500毫升左右）；要少量多次地喂，为了避免呕吐，不要一次喂太多；剩下的温一下再喝，尽量4小时内服完；500毫升喝完以后随时口服，能喝多少喝多少。

  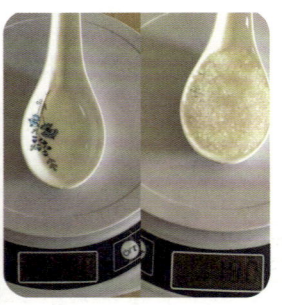

小朋友高热也同样适合用自制口服补液盐水来补充水分，可帮助孩子更快退热。急性胃肠炎出现高热需要服用退烧药，首选布洛芬，但不建议用退热栓。

如果孩子出现四肢软弱无力、软瘫、神志淡漠、目光呆滞、嗜睡，严重者出现神志不清、呼吸困难，可能是低钾血症的症状，请及时送医院诊治，检查孩子电解质丢失的情况。重度脱水或严重腹泻应以静脉补液为主。

中成药

证型	病因	症状	中成药
寒湿型	过食生冷、受凉	恶心呕吐，腹痛肠鸣，腹泻便下清稀，不甚臭秽，胸膈痞闷，或兼恶寒，舌淡，苔薄白	藿香正气液（无酒精型）
积滞型	暴饮暴食	呕吐酸腐，嗳气饱胀，腹痛泄泻，粪便异臭，泻后痛减，腹满厌食，舌苔厚腻，脉弦滑	保和丸（颗粒）
湿热型	胃肠道湿热	大便水样，或如蛋花汤样，泻下急迫，量多次频，气味秽臭，或见少许黏液，腹痛，食欲不振，或伴发热、呕吐，舌红，苔黄腻，脉滑数	葛根芩连丸（口服液）
虚寒型	脾胃虚弱	吐泻频频，腹痛喜按，面色苍白，汗出肢冷，口不渴，舌淡苔白，脉缓弱	参苓白术散（颗粒）

（注：以上药品，仅供参考，实际应用，请遵医嘱）

孩子如果本身湿气重，舌苔白厚，或者外感风邪伴有肠胃积滞出现吐泻，可以服用保济口服液，寒温并用。

缓解胃肠症状

腹痛

(1) 腹部按摩

家长将双手搓热,温敷孩子的肚子。在手上涂一层婴儿润肤霜或者婴儿油,用手掌沿着肚脐顺时针按摩,有助减轻腹痛,还能促进消化。每次按摩3分钟。孩子腹痛伴有腹泻,以肚脐为中心逆时针按摩。

(2) 肚脐敷贴

①丁桂儿脐贴:含有丁香、肉桂等温性药物成分,对小儿感冒受风寒所致的腹痛、吐泻有较好的疗效。脐贴使用方便,除了偶有局部过敏外并无其他明显副作用。小朋友皮肤娇嫩,不能持续敷贴,一般4～6小时就需要揭掉。

②姜片贴脐:将生姜切成0.5厘米薄片,放在热毛巾上,敷在肚脐眼,起到散寒、理气和止痛的功效。生姜敷肚脐有辣辣的感觉,对皮肤有刺激性,不能敷太久,应时刻注意孩子皮肤情况。

腹泻

(1) 食疗方法

①蒸苹果:蒸煮过的苹果,具有收敛、止泻的功效。做法是将洗净的苹果放在碗里,上锅隔水蒸熟,吃果肉。

②石榴皮煎汁:石榴皮是一味收涩药,能使肠黏膜收敛,分泌物减少,有效治疗腹泻、痢疾等症。做法是将15克新鲜石榴皮煎汁,加少许糖服用,每日2次。

③山药粥:山药有健脾止泻的功效,适合脾虚泄泻的孩子食用。做法是将山药100克洗净,蒸熟去皮,切片,大米100克洗净加适量水煮成粥,加入山药片及少量红糖再煮5分钟。

(2) 涂抹护臀膏

频繁的腹泻容易使臀部皮肤溃烂,要特别注意臀部的护理。不要用湿纸巾用力擦拭宝宝的臀部,最好是使用干爽的棉布或纱布来擦。每次排便后,用淋浴或坐浴的方式来冲洗臀部,再用柔软干毛巾轻轻擦拭吸水。在清洁后,一定要注意涂抹护臀膏。

(3)小儿推拿

可用小儿止泻四大推拿手法。

揉龟尾

位置:尾椎骨端

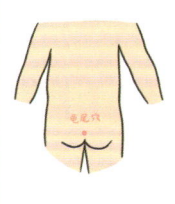

操作:用拇指端或中指端揉3分钟

推上七节骨

位置:第四腰椎至尾椎末节

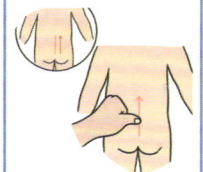

操作:用拇指桡侧面或食指、中指腹自下向上推

摩腹

位置:腹部

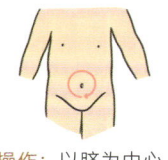

操作:以脐为中心,以脐到剑突三分之二的距离为半径,用手掌摩擦腹部,逆时针摩腹健脾止泻;操作5分钟

揉脐

位置:肚脐

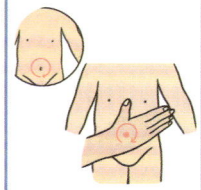

操作:用掌根揉肚脐,操作5分钟

呕吐

(1)吐奶处理方法

1岁以下宝宝因为肠功能发育还不完善,容易吐奶,外出舟车劳顿之后症状可能加重,家长要及时清理口鼻腔内的呕吐物。

如果宝宝吐奶后发生呛奶,家长先不要急着把宝宝竖着抱起来,以免喝的奶进入肺部。要先侧过宝宝的脸,然后轻轻拍宝宝的背。呛奶很严重时,让宝宝俯卧在家长的双腿上,用力拍背让奶液流出来。

宝宝在每次喂奶后拍后背15~30分钟。每餐喝奶的量适度减少,可以适当调整喂奶频率。改变姿势也是个很好的方法,喂奶时垫高宝宝的上半身,喂奶后让孩子仰睡在用被子或者小枕头垫成的一个小斜坡上,防止窒息。

（2）红糖姜水

对因肠胃受寒引起的呕吐、腹痛都有一定的效果，可起到温中止呕、温胃散寒的作用。方法为用适量的生姜片煮10分钟后，加入红糖再煮1分钟就可以服用。

（3）饮食结构调整

①孩子出现呕吐，尽量少吃多餐，不要强迫孩子进食。

②吐泻期间，如果宝宝吃母乳，继续按需喂养。

③6个月以内的宝宝，前两天奶粉冲稀一些，2～3天后改为正常饮食；6个月以上的宝宝，可以喂点粥、面条或软饭。

④腹泻期间，暂时停止吃一部分辅食，如肉、蛋、菜、水果等，2～3天后情况好转可加些蔬菜、肉末。

（4）小儿推拿

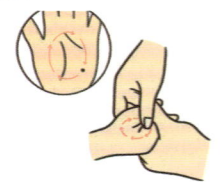

顺运内八卦

位置：八卦位于手掌面，以掌心为圆心，从圆心至中指横纹约三分之二处为半径，画一个圆，八卦穴就在这个圆上

操作：用大拇指或食指、中指指尖，以顺时针的方向推运，周而复始画圈，手法指力度一定要轻，在掌心滴点润肤油。顺运八卦200次

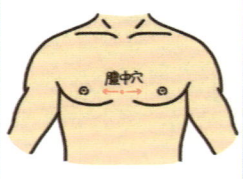

推膻中

位置：膻中穴位于两乳头连线中点处

操作：右手食指、中指、无名指三指并拢，自膻中穴直推至脐部。推膻中200次

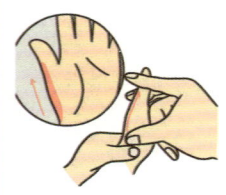

横纹推向扳门

位置：扳门位置在拇指下，掌面大鱼际肌之中点

操作：从腕横纹沿大鱼际推至大拇指根部。横纹推向扳门100次

预防胃肠疾病

第一，初到旅途目的地时应保证充分的休息，消除疲劳。根据环境变化给孩子更换衣服。

第二，旅途中孩子要三餐正常，尽量清淡饮食，饮食结构跟日常相似，不要尝试太多的当地特产。注意饮食卫生，少吃难消化的特色食品。有些家长喜欢带小孩逛当地的小吃街，进食一些煎炸热气的食物，再来一杯冰冻饮料，大大地满足了味蕾。但是这一冷一热，孩子的肠胃就受不了了。所以旅途中饮食尽量规律并有节制，切勿过多品尝特色食物，不暴饮暴食。

第三，帮助孩子养成良好的卫生习惯，饭前便后洗手，不要把手放进嘴里或揉眼睛。旅途中携带湿纸巾和含酒精的免洗洗手液，在进食之前方便使用。

医学小贴士

Q: 旅途中有哪些不能吃？

孩子在旅行中胃肠道疾病的发病率比较高。因为病从口入，旅途中保持身体健康，注意饮食卫生是关键！

①饮水卫生第一位

我们去爬山的时候，总能碰到一些人在喝景区里的山泉水，天气炎热而泉水清凉，加上爬山消耗体力，有些人迫不及待地喝了起来，还有人专门带着瓶瓶罐罐来装山泉水带回家接着饮用。泉水看似干净，实际上有很多肉眼看不见的微生物、寄生虫。

孩子肠胃娇嫩，抵抗力不如成人，山泉水、深井水和江水、河水、塘水、湖水等生水是不能直接给孩子饮用的。旅途饮水应以开水和消毒净化过的自来水与直饮水为主，出汗过多可以喝些运动饮料补充电解质。

有些海岛、山区的水质不佳，尽量买瓶装纯净水烧开给孩子饮用。在一些卫生条件不佳的国家或地区，刷牙漱口也最好使用瓶装水。

②瓜果洗净或去皮

现在城市人口多，有些家长有意识地带孩子去亲近自然，采摘瓜果，现摘现吃。曾经接诊过一名急性腹泻、呕吐伴随发热的孩子，经检查诊断为诺如病毒感染，详细询问了病史，得知家长带着他去草莓园游玩，孩子吃了几颗刚摘下来的还没有清洗过的草莓，然后就出现这些症状了。诺如病毒和轮状病毒等病毒主要通过"粪口途径"传播，患者粪便中的病毒可能污染水源、食品、衣物、玩具等。

草莓这些瓜果除了受农药污染外，果农施天然肥料粪便也可能会有病毒、寄生虫等存在，在采摘与销售过程中也可能会受到病菌或寄生虫的污染。当孩子食用这些没有清洗干净的瓜果，病菌一同进入肠胃，就会引起呕吐、腹泻等胃肠疾病。

所以务必记住，有皮瓜果一定要削皮，没有皮的瓜果一定要带回家或酒店浸泡洗净，千万不要采摘后立刻就给孩子吃。

③摊位小吃要谨慎

我们出来旅行都喜欢寻找当地美食，去吃一些平时没见过的食物或者当地出名的街边小食。但是有些摊位或沿街摆卖的食物卫生情况并不理想。小摊小贩的食物还是少给孩子食用为好，特别是一些生冷的食物。路边摊贩卖的没有正规包装的自制冰棍、冰糕和冰淇淋都不建议给孩子吃，也最好不要在饮料中加当地的自制冰块，因为我们不知道那些冰块是用什么水制成的。

尽量避免进食在室温下放置较长时间的食物，而经过高温烹煮、新鲜出炉的菜品会比较安全；另外，旅途中尽量让孩子按时进食三餐，饮食习惯争取与家中日常相似。

④乘车途中少饮食

人在乘坐交通工具时，由于身体消耗低，食物的消化过程延长、速度减慢，加上旅途颠簸，如果不节制饮食，会增加胃肠的负担，在旅途中引起肠胃不适。如果长时间地坐车、坐船或坐飞机，家长可以带点小食品，缓解孩子的饥饿感。

04 查找过敏反应的原因

很多人认为过敏就是皮肤过敏,其实常见的儿童过敏性疾病还有过敏性鼻炎、过敏性结膜炎、荨麻疹、哮喘、湿疹等。

引起过敏的原因有很多,与吸入物、饮食、药物、昆虫叮咬、感染、物理、精神、遗传等因素有关。其中与旅行相关的过敏反应,比较常见的是吸入物过敏、饮食过敏和昆虫叮咬。

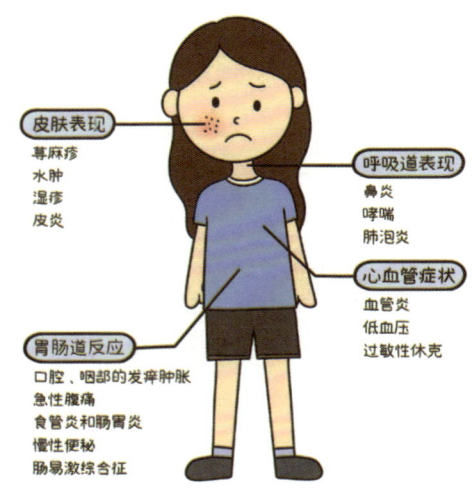

儿童过敏症状

吸入物过敏

常有孩子在旅游期间出现类似感冒的症状,包括鼻子痒、连续打喷嚏、流清鼻涕等。实际上孩子是鼻炎过敏了。家长很容易把感冒和过敏性鼻炎相混淆。

旅途中最常见的吸入性过敏是花粉过敏。春天是适合外出郊游的美好时光，同时也是花粉过敏多发的时期。

花粉过敏症状

① 流鼻涕或鼻塞

② 眼睛发痒

③ 脸痒，皮肤痒，出现风团红疹

④ 可能出现咽痒干咳，耳朵痒，甚至呼吸困难

如果带着孩子出去游玩回来，或者家里有新的花木之后，孩子出现以上的任何一个症状，都要警惕是花粉过敏。

不要以为不带孩子接触花木就不会花粉过敏。以广州为例，一年四季走在路上都能看到花，花粉随风飘散，在天气干燥多风的季节，空气中的花粉浓度高，随风传播的力度强。

首当其冲的就是我们的眼睛和用来呼吸的鼻子，然后是暴露在外的皮肤。我们身体接触到花粉，有时免疫系统会把花粉误认为是有害物质入侵，从而引起过敏反应。

让人意想不到的是，容易使人过敏的花粉通常是没有颜值的"花"（树、草和杂草），它们可以产生很小、很轻又干燥的花粉颗粒随风飘散。

研究显示长期居住在花粉多的地区的人对花粉的敏感程度会比较

低。在我国南方地区，日常吸入性过敏原还是以尘螨多见，花粉过敏发病率并不是很高。

饮食因素

在外旅行时有可能吃到平时比较少吃的食物，容易发生食物过敏。

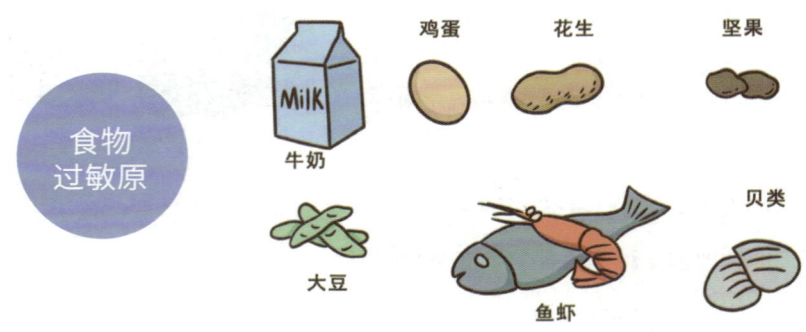

一位北方的朋友一家人去泰国旅行，孩子当晚自助餐吃了很多当地的特产美食（包括鱼、虾、蟹、贝类）和一些奇珍异果。

平时家中很少烹饪海鲜，孩子水土不服加上旅途奔波导致免疫力下降，结果晚上回到酒店就开始出现过敏症状，全身发红瘙痒，半夜呕吐、腹泻不止，紧急联系导游送医就诊。

各国家、各地区的饮食习惯不同，机体对食物的适应性也就有相应的差异，因而致敏的食物也不同。多数家长在日常生活中就已经知晓孩子对食物的过敏情况。但是较少接触的食物还是未知数，比如一些海鲜、热带水果、坚果类，都可能引起过敏。

此外，旅途中一些当地独特的烹饪方法，也可能导致过敏。因为不知道食物中究竟含有哪些原料成分。

> 一位沿海地区的朋友去越南旅行，他本身是对海鲜没有过敏的，之前也多次进食龙虾，到越南游玩时点了一份龙虾餐，没想到就过敏了。

> 究其原因，是越南人在烹饪龙虾的时候喜欢放很多香料，恰巧他对这些香料过敏。

昆虫叮咬

每到夏季，由于气温不断上升，蚊虫活动逐渐频繁，昆虫叮咬造成的皮炎患者明显增加，其中又以婴幼儿为多。婴幼儿皮肤稚嫩，抵抗力较弱，昆虫叮咬后易发生过敏性皮炎，又称丘疹性荨麻疹。

昆虫叮咬导致皮炎的昆虫有很多，常见的有蚊、臭虫、蚤、螨、飞蠓（小黑虫）等，有些毛虫，如桑毛虫、刺毛虫的毒毛刺入皮肤也会引发红肿热痛等过敏症状。

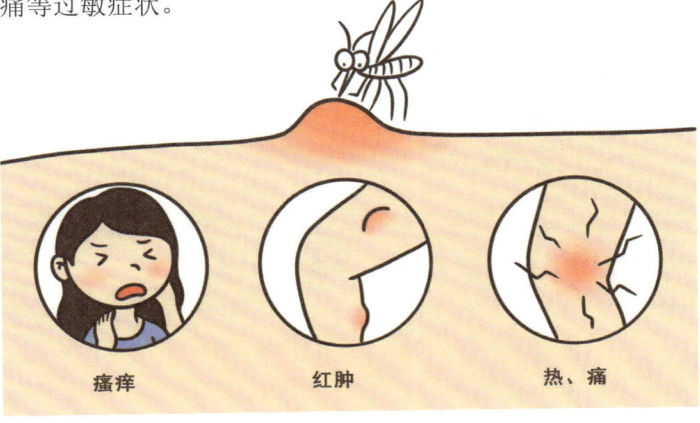

瘙痒　　　　红肿　　　　热、痛

虫咬皮炎表现

① 叮咬处出现丘疹、风团、水中性红斑、水疱、丘疱疹、瘀点瘀斑等；

② 中间可见刺吮点，散开分布或数个成群；

③ 以皮肤瘙痒最为常见，并伴有不同程度的刺痛感；

④ 可发生于身体各部位，好发于暴露部位。

对症用药

内服药

无论是哪种原因引起的过敏，我们常用的抗过敏药物是抗组胺药物。组胺是过敏反应时释放的致敏物质。抗组胺药物能阻断组胺Ⅰ型受体，减轻过敏反应。

类别	药物名称	药物特点	常见不良反应
一代抗组胺药	氯苯那敏 苯海拉明 酮替芬等	抗过敏、止痒效果很好；有助于减少鼻咽分泌物、减轻咳嗽症状	嗜睡犯困 口干
二代抗组胺药	氯雷他定 西替利嗪等	抗过敏效果好，还具有抗炎作用。无明显中枢神经作用和心脏毒副作用，药物更长效	轻度嗜睡
三代抗组胺药	左西替利嗪 地氯雷他定等	具有抗过敏、抗炎作用，起效快、吸收快	不良反应少 对婴幼儿毒性尚未明确

（注：以上药品，仅供参考，实际应用，请遵医嘱）

推荐旅行备用药：氯雷他定片、西替利嗪片。此类药物除了有片剂的形式，也有便于儿童服用的糖浆剂型。需要注意的是说明书中明确提出2岁以下儿童用药的安全有效性尚未确证，所以具体操作须在医生的指导下用药。

外用药

(1) 皮疹

过敏性皮炎和荨麻疹都是过敏引起的，但是它们的皮疹是完全不同的。

过敏性皮炎

a.在皮肤上出现米粒状的丘疹、皮肤粗糙、瘙痒为主要症状，很难自己消失；
b.如果不抓紧时间治疗症状会加重，皮炎的面积会扩散。

荨麻疹

a.皮肤上出现大小不等的风团，瘙痒为主要症状；
b.长出的风团多数会在一天之内完全消退，皮肤上不会留下痕迹。

①过敏性皮炎

炉甘石：外用炉甘石洗剂可以有效缓解瘙痒症状。但要注意的是炉甘石是不溶于水的粉末，涂在脸上水分蒸发后，这些粉末容易被宝宝吸入，可能会因此诱发孩子呼吸道疾病的隐患。所以只可用于头面部以下没有破损的皮肤。

激素类：如果使用炉甘石效果不明显，可以选择激素类外用药膏，比如地奈德乳膏（力言卓）、丁酸氢化可的松乳膏（尤卓尔）、糠酸莫米松乳膏（艾洛松）。

👉 有些家长听见"激素"二字就从内心非常抗拒。其实短时间使用弱效类外用激素一般没有什么伤害。这些药膏的激素成分很少，比起口服激素和静脉注射激素，简直是小巫见大巫。用弱效类激素可以及时缓解孩子的症状，可别拖到症状严重时，那时就外用都无效了，只能口服或静脉注射激素才能控制病情，这样反而会得不偿失。除了治疗过敏性皮炎外，以上药膏也适用于治疗湿疹。

②急性荨麻疹

荨麻疹自行消退的话不需要外用药，瘙痒难耐时外治方法同上。冷敷可帮助消肿退红。缓解瘙痒。如果荨麻疹短期内反复出现，需要内服抗过敏药，并积极寻找病因。

③虫咬性皮炎

治疗方法同上。对于因为虫咬局部长出大水泡的患儿，可以用无菌针挑破水泡将液体齐出，局部可以擦拭碘伏预防感染。皮疹比较多且瘙痒剧烈者，需要配合口服抗组胺药物。如果家长没有把握处理好，应尽快带孩子去当地正规医院皮肤科就诊。

❌ 不推荐使用一些不知名的药膏，一些药膏打着中药的幌子，实际上偷偷加入激素成分，而且浓度未知。据说效果越好的成分越可疑。

(2) 哮喘

有些过敏体质的孩子原先有哮喘病史，每次咳嗽都伴有气喘，建议在咨询医生后，外出旅行时可自带便携式微型雾化机，以便雾化吸入药物。

雾化吸入药物

激素类 如布地奈德，具有局部抗炎作用，雾化吸入副作用较小，雾化后要用清水洗脸漱口；

支气管解痉剂 如沙丁胺醇，可解除支气管痉挛，缓解喘息发作时的呼吸困难；

抗胆碱类药 如异丙托溴铵，可松弛支气管平滑肌，缓解支气管痉挛状态，具有平喘作用，同时还可控制黏液腺体分泌。

(3) 过敏性鼻炎

孩子本身有过敏性鼻炎、鼻窦炎，如果旅途中遇到症状加重，可以用生理盐水鼻喷雾或生理海盐水喷雾来缓解鼻部症状，还可以通过冲洗鼻腔来清除鼻腔里面的刺激物、过敏原和分泌物。

预防过敏发生

避免花粉过敏

(1) 减少接触

如果孩子是过敏体质，本来就有过敏性鼻炎、鼻窦炎，花粉季节外出要戴口罩，穿长袖衣、长裤，减少皮肤的裸露。赏花时除了戴上口罩，还要佩戴护目镜。

(2) 选择合适的花卉来观赏

一些有毒性的植物，或是容易给孩子带来不适的花卉，都不应该让孩子接触到。

水仙花

鳞茎内含有拉丁可毒素,误食会发生胃肠道反应;叶和花的汁液容易引起皮肤过敏、红肿痒痛。

百合花

花香味浓,有兴奋作用,会让孩子的神经兴奋,夜寐不安,而且花粉颗粒大,容易引起过敏。如果特别想在家摆放百合花,最好摆在客厅通风的地方,还有,切记把百合花蕊剪掉!除了减少花粉过敏原外,还能延迟花期。

郁金香

花朵含有一定的有毒生物碱,少量的花对人体影响不大,但是在郁金香花丛中待的时间久了就会出现一些中毒现象,比如头昏脑涨。

夹竹桃

含毒的植物之一,包含了多种毒素,有些毒素甚至是致命的。在夹竹桃的各个部分都可以找到这些毒素,在树液中浓度最高。

避免食物过敏

(1) 避免摄入

如果是食物过敏，正确做法是避免过敏食物的再次摄入，必要时口服抗组胺药物。治疗期间避免辛辣刺激性饮食和高蛋白饮食（如牛奶、鱼、虾等）。

(2) 查过敏原

食物不耐受的过敏症状存在延迟发作的现象，可能不会马上出现。这种迟发性变态反应，在早期应该尽量通过口服药物来治疗，否则病程会比较长。如果孩子经常出现过敏症状，可以通过检查食物过敏原和吸入性过敏原来了解过敏情况，更要紧的是避开过敏物质。

避免蚊虫叮咬

通过以下措施最大程度防止虫媒叮咬。

(1) 使用避蚊剂

2个月大到12岁的孩子使用避蚊剂，推荐浓度10%~30%的DEET（避蚊胺），浓度越高，保护时间越长。

年龄	浓度
12岁以上儿童及成人	30%以下浓度产品
2~12岁儿童	10%以下浓度产品，每天最多使用3次
2个月~2岁儿童	10%以下浓度产品，每天不能使用多次
2个月以下儿童	不能使用

避蚊胺是目前使用最多、安全性和有效性最可靠的避蚊剂。

👉 注意

①应当遵照说明使用，每隔几个小时重复使用；
②喷洒在暴露的皮肤上，但不需要喷洒在衣物遮盖的皮肤上；
③如果使用防晒霜，先涂防晒霜，再涂避蚊剂；
④婴幼儿使用避蚊剂时，应该先喷洒在成人自己手心，再涂抹在幼儿皮肤上，避免直接喷洒在幼儿的敏感皮肤黏膜上。

未满2个月大的婴儿不建议使用避蚊剂，建议采用物理屏障，比如在婴儿推车上挂上专用蚊帐。

(2) 使用扑灭司林

扑灭司林是一种杀虫剂，可以处理靴子、裤子、袜子、蚊帐、睡袋等，处理过的蚊帐不要清洗或暴晒；注意不要直接喷洒在皮肤上。

(3) 其他避蚊方法

旅行期间尽可能穿着长裤和长袖，把衣服塞在裤腰内，把裤腿塞在长袜内；选择的宾馆或旅店等住宿地要有空调或纱窗、纱门等防虫设施；如果是和户外直接相通的，比如野外露营，应该睡在蚊帐内。

05 夏日出游预防中暑

儿童中暑是在高温环境中或烈日直射下活动时间过长，导致体温调节功能失衡，水盐代谢紊乱和神经系统功能受到损害所产生的一系列症状。

儿童为什么容易中暑，主要原因有两点：①小朋友的体温调节中枢还没有发育成熟，对周围环境气温变化适应性差。如果在高温环境中或者日光下暴露的时间稍长一些，体温就容易快速升高，导致中暑。②小朋友汗腺不发达，数量少，且体内水分贮存也有限，难以通过汗水蒸发带走身体热量的方法来散热。

夏天旅行，儿童长时间暴露在高温环境和日光下游玩，体内的汗排不出来，有可能引起体温升高，导致中暑。

儿童中暑症状

轻症中暑

如果小朋友体温超过39℃甚至40℃，就可怀疑为中暑，通常儿童中暑会有如下症状。

a.虽然很热，但可能不出汗（中暑最典型的现象之一）；

b.皮肤会发红、发热，而且干燥；

c.烦躁不安及哭闹，呼吸及脉搏加快；

d.显得倦怠、甚至进入抽搐或昏迷状态；较大的儿童会头晕、恶心、失去方向感，并昏昏沉沉、反应迟钝。

 注意

建议以量肛温或耳温为准,如果量腋温或口温容易低估实际温度。

重症中暑

类型	症状	病因
热射病	在高温环境中突然发病,体温高达40℃以上,疾病早期大量出汗,之后"无汗",可伴有皮肤干热及不同程度的意识障碍等	高温引起的人体体温调节功能失调,体内热量过度积蓄,从而引发神经器官受损
热痉挛	明显的肌痉挛,伴有收缩痛。好发于活动较多的四肢肌肉及腹肌等,时而发作,时而缓解。意识清醒并且体温一般正常	因为流汗过多,身体盐分缺乏而引起
热衰竭	头昏、头痛、多汗、口渴、恶心、呕吐,继而皮肤湿冷、血压下降、心律紊乱、轻度脱水,体温稍高或正常	在炎热的天气下做体力劳动或长跑,体液丢失过多,出现的血液循环机能衰竭

 重症中暑,除就地采取物理降温措施外,还应尽快送医疗机构处理治疗,切勿耽误病情!

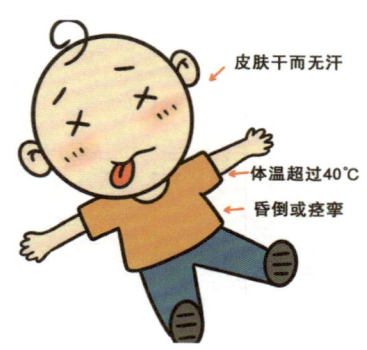

中暑急救

立即脱离高温环境

孩子中暑了，应立即带离高温环境，转移至走廊、树荫下、空调房等通风、阴凉的地方，让孩子好好休息。

✓ 降温方式要温和，避免骤降。打开身边的制冷电器，降低孩子周围的温度。可以给孩子吹风扇，或者将其转移到温度较适宜的空调间内。

✗ 不能立刻抱进温度过低的空调房。不能让空调风口对准孩子。

物理降温

立即解开孩子的衣扣，脱去或松开衣服，让孩子平躺仰卧，保持呼吸道的通畅，并做物理降温。

✓ 用冷敷额头、湿毛巾擦拭全身、洗温水澡等。

✗ 不要擅自给孩子吃退烧药。退烧药主要是通过让身体发汗来达到降温目的，而中暑是因为人体散热受阻，造成热量在体内积蓄，不能通过出汗来散发热量，因此服用退烧药会起到相反的作用，不能降低体温。

补充水分

在意识清醒、没有呕吐的情况下，可让孩子多次饮淡盐水（或运动饮料），补充足够的水分和盐分。

✗ 不能大量饮水。因为大量饮水不但会冲淡胃液，进而影响消化功能，还会引起反射排汗亢进，结果会造成体内的水分和盐分大量流失，严重者可能会造成热痉挛的发生。

严重者及时送医院就诊

如果孩子重症中暑，出现精神萎靡、烦躁不安、惊厥、昏迷、抽搐等症状，应立即送医院，以免延误孩子的病情。

缓解中暑后症状

饮食调理

如果不是很严重，或者已经基本恢复，可给孩子食用绿豆粥、冬瓜汤等食物，或者喝一些鲜果汁、吃些西瓜。但不要给孩子吃油腻的食物。

药物祛暑

①孩子因中暑所致的头晕恶心、胃肠不适、腹痛等症，可急服中成药十滴水，每次服用2～5毫升。

②服用藿香正气液可缓解中暑引起的胃肠不适，每次半支，一日2次。

③在额部、颞部（太阳穴）涂抹少许清凉油、风油精，起到缓解中暑引起的头痛、头晕的作用。

预防中暑

避免阳光暴晒

夏天带孩子出来活动的话应选择清早、黄昏或夜间，避免阳光直射，注意防晒，给孩子戴帽子或者打伞，穿浅色衣服。

避免忽冷忽热

如果在室外晒得很热，大汗淋漓，要去到阴凉通风处让孩子身体散热，千万不要马上进入空调房中，也不能立刻给孩子进行冷水浴及喝冰冻饮品，这会引致皮肤毛孔骤然收缩，身体难以散热而中暑。

鼓励多饮水

儿童在活动的时候，比较容易失去水分。外出游玩一定要给孩子多补充水分，最好每30分钟补充一次。出汗多还要注意补充电解质。

涂防晒霜

儿童防晒可选用专门的儿童防晒霜，第一次使用防晒霜时先在孩子耳后涂少许，观察半小时看看有没有起红疹，检验孩子对该防晒霜会不会过敏。在出门前15～30分钟涂防晒霜为佳。

日常生活中使用防晒指数为15的防晒霜即可，在紫外线较强地区，需使用防晒指数大于35的防晒霜，在烈日下的户外活动选择防晒指数为50的防晒霜。每间隔2小时补一次防晒霜。

防晒穿着

特别晒的长时间户外运动，最好戴上能够遮盖脸部以及脖子的宽边帽和太阳镜，套上防晒冰袖，或者直接穿薄长袖。

◎做好防晒

06 眼红眼肿不能揉搓

眼球和外界是相通的，本身具有一定的自我保护能力，但当抵抗力下降或外界的感染因素增多时，眼球的结膜就可能发生炎症。这是旅行常见的疾病。

如果孩子眼睛发红、分泌物增多，有异物感、流泪等不适症状，我们要考虑孩子可能是得了结膜炎。

儿童结膜炎症状

旅行途中难以及时就诊的情况下，需要家长来判断病因，进而选择相应的治疗方案。

以下为不同病因的结膜炎。

分类		症状
感染性	细菌性结膜炎	眼睛整日出现黄色混浊脓稠的分泌物；分泌物一般见于睑缘和眼角；严重导致孩子睁眼困难
	病毒性结膜炎	出现单眼充血、黏液样或浆液性分泌物，有烧灼感、沙砾感，或伴有大量眼泪。另一只眼通常在 24～48 小时内也会发病

088

(续上表)

分类		症状
感染性	急性流行性出血性结膜炎	明显结膜出血，"眼红"尤为明显，传染性最强由病毒感染引起的，多发于夏、秋两季
非感染性	过敏性结膜炎	通常表现为眼睛痒、双眼发红、流眼泪。眼内瘙痒是主要特点，孩子因为眼痒爱揉眼睛。同时合并过敏性鼻炎的打喷嚏、流鼻涕、鼻塞等症状
非感染性	其他非感染性结膜炎	表现为红眼和黏液样分泌物。可能是由机械性或化学性损伤引起的，或者外界暴露或泪液产生不足所致的干眼

对症用药

眼药水

①细菌性结膜炎：推荐使用红霉素滴眼液（或眼膏）、妥布霉素滴眼液（或眼膏）。症状通常会在用药后的1周内消失。严重的细菌感染须配合口服抗生素药剂或抗生素针剂治疗。

②病毒性结膜炎：有自愈性。刚开始可以用冷敷，每日3次，每次20分钟；分泌物增多时，可以用生理盐水冲洗眼睛，每天2～3次；还可以滴人工泪液（无防腐剂）来缓解。

注意

不要包盖眼睛。分泌物减少时停止冲洗。因为冲洗时可将泪液冲淡，会减低了泪液的杀菌作用，破坏了自然的抵抗力。

病毒性结膜炎病程较长，最初3～5日症状通常加重，之后1～2周非常缓慢地好转，总过程为2~3周。

③过敏性结膜炎：不需要使用抗生素眼药水，可以使用冷敷、人工泪液，还可以用抗组胺滴眼药（处方药）。瘙痒难耐可服用抗组胺药物来缓解。

④干眼症：如果孩子在看手机、iPad、电脑出现眨眼睛、干涩，可以给孩子使用无防腐剂的人工泪液，润滑眼睛，减轻视疲劳。

用药方法

①清洗双手：滴眼药水前一定要清洗双手，防止感染。

②操作顺序：如果单侧眼睛有结膜炎，先滴健康一侧的眼睛，再滴患侧眼睛。双侧患病，先滴症状较轻那一侧，再滴症状较重一侧。眼药水瓶口与眼睛保持2厘米距离，避免眼药水瓶口接触眼部。

③适量用药：眼药水只需滴1~2滴到眼下方的结膜囊内即可，眼药膏大概挤出1厘米长度。避免滴到瞳孔，因为瞳孔上对应的是角膜，眼药水一旦触及这个地方，就会引起瞬目反应（即眨眼或闭眼），从而将眼药水挤出。

④按压内眼角：滴过眼药水后要轻轻按压内眼角1~2分钟，减少眼药水由泪小管泪囊经鼻泪管向鼻腔引流。

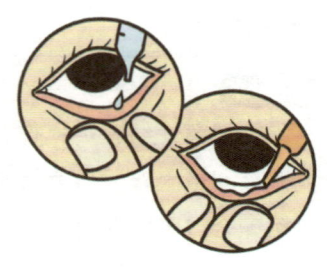

◎左为眼药水；右为眼药膏

结膜炎注意事项

①提醒孩子千万不要揉眼睛。因为揉眼的动作会加重眼睛内肥大细胞的脱落，释放的炎性介质会更多，反而会加重病情。

②如果一时买不到药物，可及时采取冰敷，能改善眼痒和眼肿。在红眼病发作初期切记要采用冷敷，千万不能热敷，因为热敷会使眼

球充血，炎症可能扩散引起并发症。

③对于儿童、依从性差的患者，眼膏优于滴眼液。在急性炎症期间应按说明使用滴眼液，眼膏在结膜囊中的停留时间较长，适合在睡前使用。

④润滑类滴眼液（人工泪液）冷藏后使用，也可以起到稀释炎性介质和过敏原，达到缓解眼痒的作用。此类品种较多，可选不含防腐剂的，比如玻璃酸钠滴眼液等。

⑤对症用药后孩子的症状通常可以得到改善，表现为分泌物减少，红眼和刺激感减轻。治疗无效的患儿应该立刻到眼科就诊。激素类眼药使用与否应听从眼科医生的建议，切勿自行使用。

⑥孩子眼红畏光，出门时要戴太阳帽、戴黑色太阳镜，减少阳光对眼睛的刺激。

预防结膜炎

防范的关键是不要让病菌接触眼睛。

①平时教育孩子注意手的卫生，要养成勤洗手、正确洗手的好习惯；勤剪指甲，不要用脏手揉眼睛；不与他人共用毛巾、脸盆等。

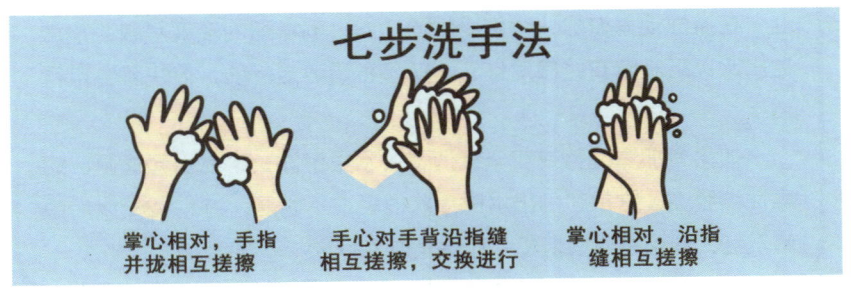

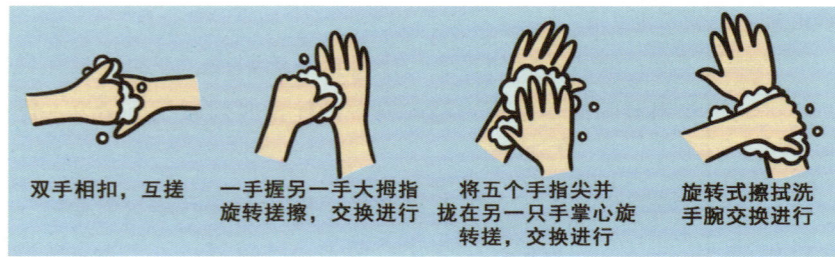

②游泳时佩戴泳镜，能减少感染病菌的概率；游泳以后要及时用干净水洗脸、洗澡。严重过敏性鼻炎的孩子游泳时建议佩戴潜水镜，减少对鼻腔的刺激。

③如果发现红眼病，应及时隔离；患儿所有用具应单独使用，最好能洗净晒干后再用；少到公共场所活动。

医学小贴士

Q: 游泳后眼红要不要治疗？

在游泳池里游泳，眼睛受到漂白粉、消毒剂的轻度刺激，常常在出水以后眼睛有轻微发红，一般是不需要治疗的，很快就会自行消失。

如果有加重趋势或在未经消毒的水里游泳，容易引起病菌、病毒性结膜炎，常常在刚出水时症状很轻或不明显，过1～2天以后眼睛发红，分泌物逐渐增多，应该及时治疗。

07 食物中毒处置

食物中毒，就是吃了被细菌污染、或者本身有毒的食物，引起中毒症状。通常发病时间比较集中，常在入食后1小时到1天内出现症状。家庭中，进食同种食物的人会先后开始发病，但也有孩子单一发病的，因为儿童的肠胃稚嫩而脆弱，更容易出现中毒症状。

很多食物中毒的患者不能及时发现自己的中毒症状，往往在送到医院的时候，症状已经非常严重。因此，食物中毒后早期的发现和处理十分重要。

儿童食物中毒症状

食物中毒的早期症状以呕吐和腹泻为主，紧接着出现恶心、剧烈呕吐、腹痛、腹泻、发热、哭叫、烦躁不安、抽搐等症状，严重还会出现脱水、血压下降甚至休克等情况。

如果是肉毒杆菌污染导致的食物中毒，病情最为严重，可能会出现吞咽困难、失语等症状。

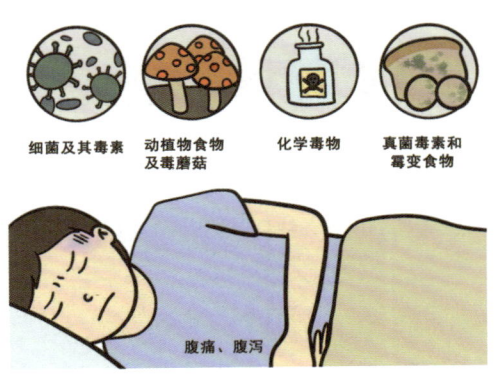

食物中毒紧急处理

在日常生活或者旅途中,一旦发现孩子食物中毒或者怀疑其食物中毒,家长应马上让孩子停止食用可疑食物,并进行紧急处理。

催吐

孩子清醒的情况下,用手指刺激他的咽喉,尽可能让他将胃里的食物吐出。

具体操作

(1)将中指伸进孩子口中,在这之前应该先把长指甲剪短。用中指的指肚在孩子的舌根部反复按摩并且施压。刺激孩子的咽部及舌根,直到孩子吐出来为止。

◎伸手指进孩子口中按压催吐

(2)吐后喝一些温水,然后再次催吐,如此反复,直到吐出的东西与喝进去的水性状相近。催吐越早越好,应在现场直接进行或者在去医院途中进行。

◎拍背助吐

(3)注意催吐时应让孩子处于前倾的体位,避免呕吐物误吸入肺,造成窒息。

千万不要不催吐就去医院。催吐越早、吐出来的东西越多,吸收毒素也就越少,中毒也就越轻。

已经昏迷的病人不能催吐,强行催吐可能导致吸入性肺炎。

口服腐蚀性毒物的病人,比如强酸强碱,这些病人也不能催吐。

导泻

在吃下去中毒食物两个小时后,食物已经过胃部,到了小肠和大肠里,这时催吐是没什么效果的,要考虑导泻。

如果孩子精神状态尚好,则可服用少量泻药,促进中毒食物尽快排出体外。如生大黄10～15克一次性煎水服用,或番泻叶5～10克泡茶饮服。

送医院就诊

对于情况比较严重的患儿要立刻送去医院。可以呼叫120救护车,或者自己送去医院。去医院时要携带已被食用剩余的可疑食物检测,这样对确定中毒性质和治疗很重要。如果身边没有食物样本,也可以保留病人的呕吐物和排泄物送检。

预防食物中毒

第一,不要吃发芽的马铃薯、野生蘑菇、河豚等可能含有毒或有害物质的食品;

第二,旅途中切勿购买和食用腐败变质、过期、来源不明的食品;

第三,选择清洁卫生较好的餐厅进餐,对孩子使用的餐具用开水再冲洗一遍;

第四,在外购买熟食,应在2小时内食用,未吃完的可以放冰箱低温保存。食品要贮存在密封容器内,生、熟食品分开存放,新鲜食物和剩余食物不要混放。

医学小贴士

认识毒蘑菇

Q1: 颜色鲜艳的菇才有毒？

一身雪白的鹅膏菌看起来很普通，实际上是一朵致命的"白毒伞"！

色彩不艳、长相并不好的肉褐鳞小伞、秋盔孢伞也是剧毒。很漂亮的橙盖鹅膏却是著名的食用菌。所以，单看蘑菇的外表，是没有绝对的安全标准的。

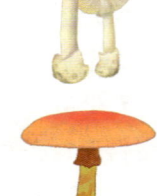

橙盖鹅膏属于食用菌 ▶

Q2: 不生蛆、虫子不吃的才有毒？

事实并非如此，著名毒菌"豹斑毒伞"常常被蛞蝓吃，不少有毒的蘑菇还会生蛆。

Q3: 和银器、大蒜一起煮会变黑的才有毒？

实际上，蘑菇毒素不会与银器、大蒜等发生反应。

👉 总结

对于不认识的蘑菇建议不采！不买！不吃！

08 心脏骤停要及时抢救

如果有旅行意外事件发生，儿童出现呼吸、心跳骤停，高质量的心肺复苏能在关键时刻挽救生命。

当心跳停止以后，超过4～6分钟，脑组织就会受到永久性不可逆的损坏，超过10分钟就会发生脑死亡，在急救中有"黄金4分钟"之说。

快速判断

在确保现场环境安全的情况下，将患儿摆放在地面或硬板上，成仰卧位。必须先快速判断是否需要做心肺复苏。

判断意识——拍打双肩、大声呼唤

拍打孩子的肩膀，大声问："宝贝，能听到我的声音吗？"

如果是婴儿可轻拍足底，判断是否有反应。

　　孩子昏迷可能是由于脑内出血导致的，所以尽可能不要剧烈晃动头部和身体，以免病情恶化。

判断脉搏——儿童触摸颈动脉；婴儿触摸肱动脉

对于儿童可以触摸他们的颈动脉，它位于颈部，准确位置是在气管两侧，把手指放在那里感受他们的脉搏跳动。

而对于婴儿更适合触摸肱动脉来感受脉搏的跳动，它位于上臂的内侧。切记，在触摸时不要用力过猛。

> **判断呼吸——把脸颊和耳朵靠近孩子的口鼻，确认呼吸声**

观察孩子的胸和肚子是否在上下起伏。

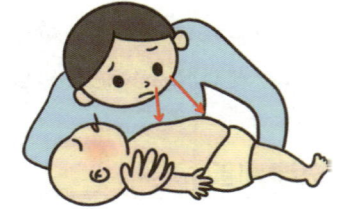

☞ 孩子丧失意识，且呼吸、心跳停止的情况下（无呼吸无脉搏），应立刻呼救，叫周围的人帮忙打120，去取附近的AED（自动体外除颤器），并开始进行心肺复苏。

心肺复苏

第一步　胸外按压

（1）按压位置

新生儿

双手环抱拇指按压法

　　两手掌及四手指托住两侧背部，双手大拇指按压胸骨下三分之一处。

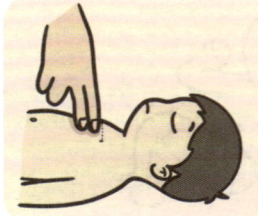

婴儿

双指按压法

　　两手指置于乳头连线下方按压胸骨。

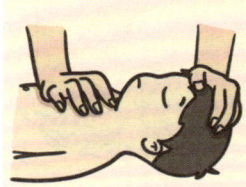

1～8岁儿童

单手按压法

一只手掌根部置于胸骨下半段，手掌根的长轴与胸骨的长轴一致。

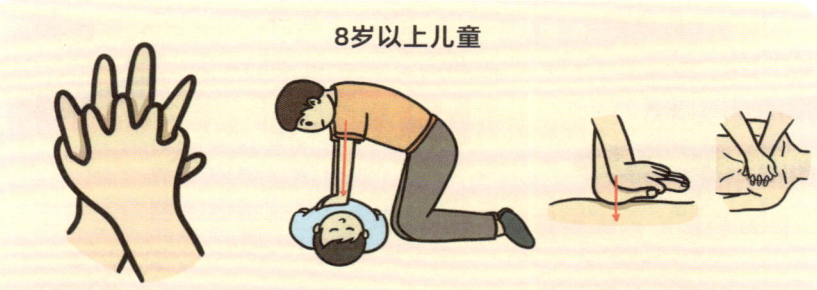

8岁以上儿童

双手按压法

一只手掌根部重叠放在另一手背上，十指相扣。按压部位为两个乳头连线的中点。按压时手臂要伸直并与患者胸部呈垂直方向。

（2）按压深度

至少为胸部前后径的三分之一（婴儿为3～4厘米、儿童为4～5厘米）。

（3）按压频率

为100～120次/分，每一次按压后让胸廓充分回弹以保障心脏血流的充盈。

第二步 开放气道

将衣领口解开，清除口鼻内异物后，用以下方法打开呼吸道，保持呼吸道通畅。

(1) 仰头抬颌法

用一只手的小鱼际（手掌外侧缘）部位置于孩子前额，另一只手的食指、中指将下颌骨上提，使下颌角与耳垂的连线和地面垂直。注意手指不要压颌下软组织，以免阻塞气道。

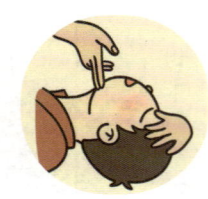

(2) 托颌法

将双手放置在孩子头部两侧，握住下颌角向上托下颌，使头部后仰，下颌角与耳垂连线成60°（儿童）或30°（婴儿）。

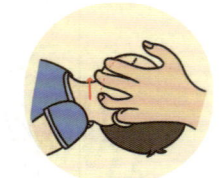

第三步　人工呼吸

(1) 方法

①一手捏住鼻孔两侧，另一手托起下巴，深吸一口气，然后弯腰，让大人和孩子的嘴唇紧紧贴在一起形成密闭空间。

②如果孩子不足1岁，得用嘴盖住他的口鼻。慢慢呼出空气，一次持续1～1.5秒，吹气停止后放松鼻孔。然后观察他胸腔的起伏变化，依此反复进行。

呼气结束后，抬起头观察孩子的胸腔是否像自然呼吸一样正常收缩。如果是的话，说明你的人工呼吸起到作用了，呼吸道又通畅了。

(2) 频率

20～30次/分（约2～3秒吹气1次）；通常情况按压15次配合2次人工呼吸。

终止心肺复苏的指征

每做完5个周期就检查1次心跳、呼吸有没有恢复,如果孩子的面色、呼吸和心跳恢复正常了,就可以停止心肺复苏。

①按压时可触及动脉搏动;

②扩大的瞳孔缩小;

③面色红润、皮温变暖;

④孩子意识恢复;

⑤出现自主呼吸。

心肺复苏常见的错误

随意搬运患儿

有些人觉得孩子晕倒在硬地板上会不舒服,于是搬到其他地方,这是错误的。当确认患者需要立即实施心肺复苏时,应该立刻就地实施,不应该搬动患者,以免对患者造成二次伤害,而且错过急救时间。4分钟以内给患者做心肺复苏,成功率大大增加。

做心肺复苏时手离开胸部

在按压胸部时,手掌一定不要离开胸部,否则很容易发生移位,如果按压位置由最能受力的胸部中心转移到侧面的肋骨会导致肋骨骨折。

使用AED

心脏骤停在很多情况下是由心室颤动导致的,发生心室颤动时,心脏搏动处于混乱状态中,无法有效泵出血液,导致组织缺血、缺氧甚至死亡。而AED就是通过电击除颤,使心脏恢复跳动的一种智能机器。救命"神器"AED是专门为普通民众设计的装备,非常容易使用。

如何使用AED

请一定要认真仔细地听从除颤仪的语音提示。在心脏停跳的情况下，要一直进行胸外按压，在心室颤动心率不正常的情况下需要AED的协助。

一般在机场、火车站、地铁或者大商场等人流较多的地方都可以找到AED。

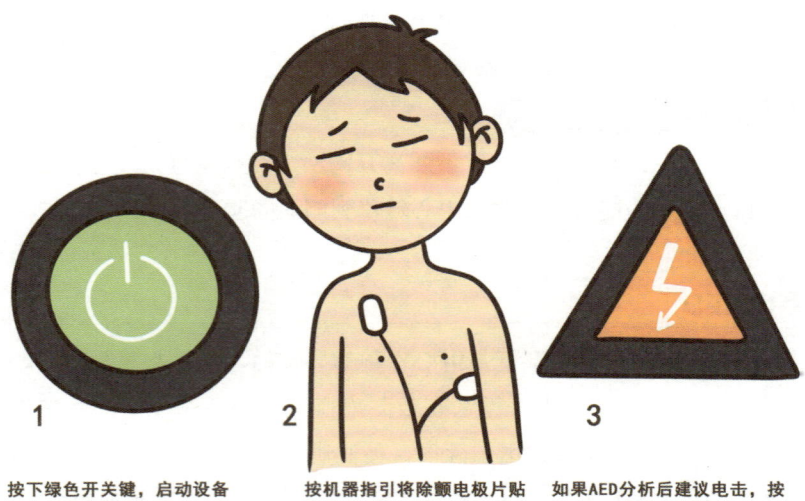

1. 按下绿色开关键，启动设备电源，激活视听指示
2. 按机器指引将除颤电极片贴于患者胸部
3. 如果AED分析后建议电击，按下橙色电击键

 总结

具体实施心肺复苏时应该做到六个字。

叫 呼叫倒地孩子

叫 叫人打 120 和取 AED

压 胸外按压

抬 抬颌抬头，开放气道

吹 人工呼吸

电 电击除颤

09 气道梗阻急救法

噎食和窒息是婴幼儿致命伤害的主要原因。噎食是食物堵塞咽喉部或卡在食道的第一狭窄处,甚至误入气管,引起呼吸窒息。噎食在我们生活中很常见,大人、小孩都有因为噎食发生意外的风险。

海姆立克手法是对气道异物阻塞引起窒息非常有效的急救技术。旅行外出中孩子若出现异物吸入卡喉、气道梗阻,应立刻使用海姆立克手法急救,防止孩子窒息。

海姆立克急救法急救

气道梗阻——意识清醒时

如果孩子能够发出声音,大声哭闹,用力咳嗽,家长可安抚孩子并鼓励他尝试继续用力咳嗽,将异物咳出来。

请注意

出现以下情况要立刻急救:孩子已经咳嗽乏力,呼吸困难,甚至无法发出声音或啼哭,或者无法通过用力咳嗽咳出异物;大孩子会有双手卡喉姿势,表情痛苦,需要采用海姆立克手法进行急救。

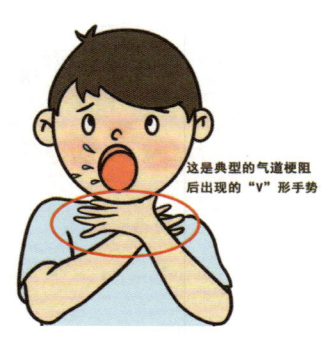

这是典型的气道梗阻后出现的"V"形手势

(1) 婴儿 (1岁以内)
①背部拍击

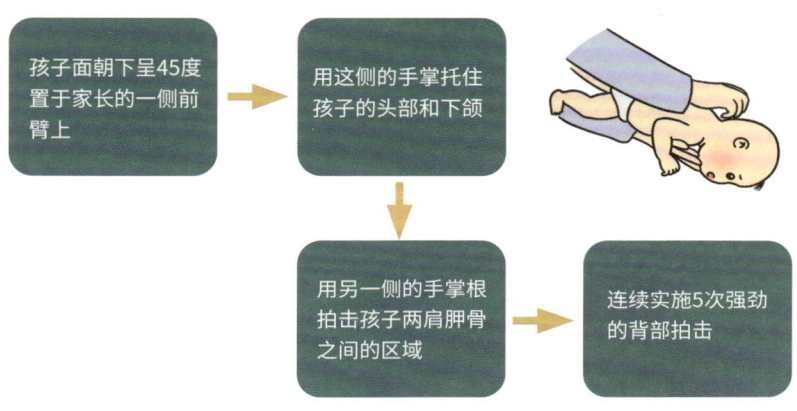

②胸部冲击

如果5次背部拍击后，异物还未排出，立刻实施胸部冲击。

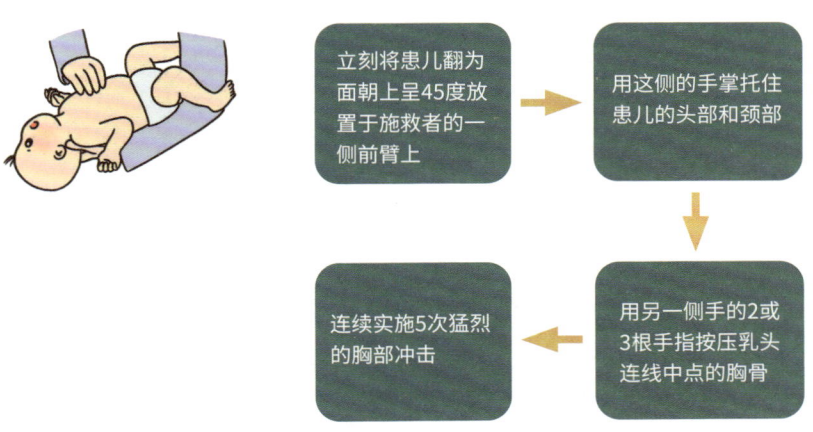

③重复操作

如果5次胸部冲击后异物还未排出，则依次重复5次背部拍击和5次胸部冲击，直到异物排出为止。

假如异物一直未排出，而患儿已经失去意识，急救法请参考第107页"气道梗阻——意识丧失时"。

(2) 1岁以上儿童

①家长站到孩子身后，双臂环抱孩子腰部。

②家长用一手握成拳头，将拳头的大拇指侧置于孩子肚脐上方约两厘米处。另一只手包住拳头，然后快速向斜后上方冲击患儿的腹部。

③重复冲击，直到异物排出或是婴儿失去意识为止。

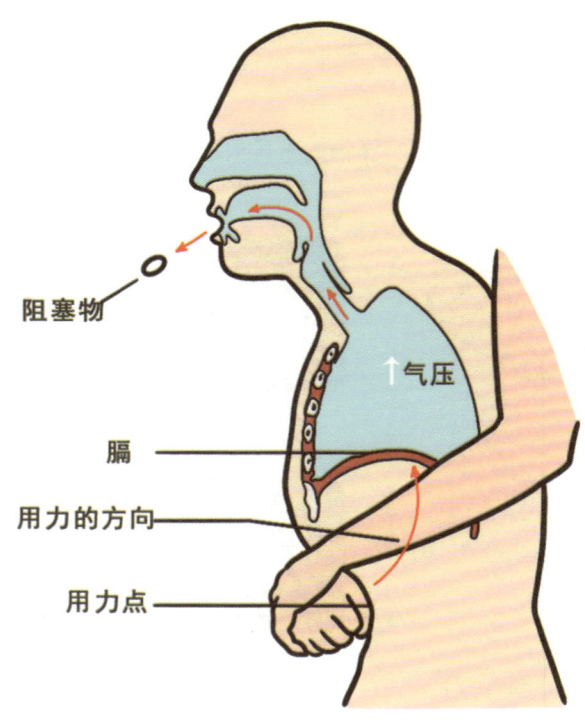

✓ 我们用"剪刀""石头""布"三个步骤来加强记忆：

"**剪刀**" 孩子肚脐上2指部位；

"**石头**" 用手握住拳头顶住2指位置；

"**布**" 用另一只手包住"石头"，快速向斜后上方冲击。

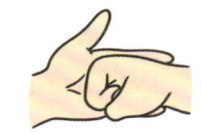

气道梗阻——意识丧失时

（1）如果患儿意识丧失，应马上拨打120急救电话或立刻开车去往最近的医院。不管在等救护车还是自驾去医院，都不要放弃任何时间，一定要继续抢救！

（2）急救操作

①使孩子仰平卧，家长面对孩子，骑跨在孩子的髋部；

②双手交叉重叠，将下面一手的掌跟放在上腹部；

③用你的身体重量，快速冲击压迫孩子的腹部；

④不停重复，直至异物排出。即使无法排出，也可避免异物深入气管。

（3）呼吸道异物取出后，应及时检查呼吸和心跳。

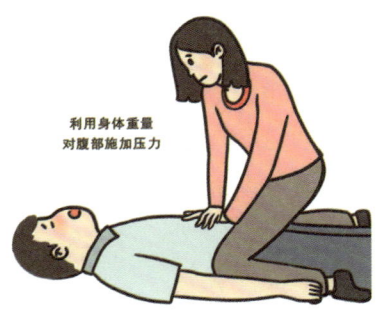

利用身体重量对腹部施加压力

✗ 不适宜用海姆立克手法的情况：

如果发现窒息的孩子已经无意识、无呼吸、无脉搏，立即进行心肺复苏。胸外按压本身也有利于将肺部残留气体形成气流冲出异物。

急救注意事项

（1）如果孩子呼吸正常，咳嗽有力，暂时不要干预。用力咳嗽是排出气道异物最为有利的方法。在采取任何急救措施之前，先看看是否可以通过让孩子用力咳嗽自行将异物咳出。千万不要直接拍背，也不要用手直接去抠异物，那样只会让异物落得更深。

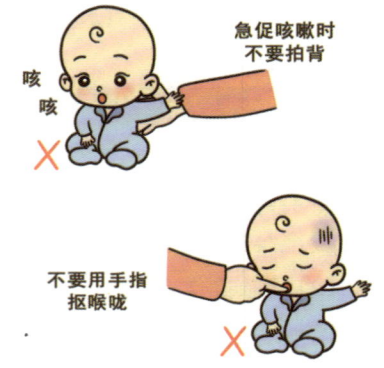

（2）对于大龄儿童或者成人，任何钝角物件（自己的拳头、桌子边缘、椅背、扶手栏杆）都可以用来作为自救工具，快速向后上挤压冲击腹部，直到异物排出。

日常防护

（1）3岁以下孩子进食花生、果冻这些食物应有成人陪同在旁。

（2）婴幼儿的食物尽量切成细块，并嘱其充分咀嚼；口中有食物的时候避免大笑、讲话、行走或跑步。

（3）鱼刺卡喉应大声、用力地咳嗽或让自己产生呕吐感，以求咳出异物。无法咳出异物应及时到耳鼻喉科就诊。

（4）教育孩子不能把异物塞进鼻孔、耳朵和嘴里；把纽扣电池、硬币等小零件放在孩子触碰不到的高处。

10 紧急处理意外伤害

旅行时儿童出现紧急事故、意外伤害,家长可能会感觉孤独无助。提前掌握一些意外伤害的紧急处理方法,沉着冷静处理,受伤的孩子会因为您的急救知识而减少伤害、获得救助。

烫伤

救治方法

尽快带孩子离开现场,以免造成二次伤害。

孩子烫伤后要做以下五步操作。

冲

① 立刻将孩子的烫伤部位用自来水流动淋洗,冲洗30分钟左右。
② 也可以浸入冷水中,适合小面积的烧烫伤,特别是四肢。
③ 如果烫伤的位置难以在水龙头下冲洗或浸泡,可以把毛巾浸泡在水中再往身上拧水,如此反复。

 水流不宜过急。水温以孩子耐受度为准,一般是15~20℃。
 不可以直接冰敷。

① **尽快脱下患处外套、厚衣物。**

✗ 此时不知道衣服内的皮肤被伤到了什么程度，严重的烫伤可能会导致衣服紧紧粘在皮肤上，如果强行脱下贴身衣服，有可能导致皮肤撕裂脱落。

② **对于皮肤粘住衣物的处理**

可以连着贴身衣服一起冲泡冷水，5～10分钟后，如果只是轻度烫伤就可以把孩子的衣服脱下来。不方便穿脱也可以用剪刀小心剪开衣物，避免弄破水泡。然后继续用冷水冲或浸泡。如果还有粘连皮肤的衣物无法分开，需要送医处理。

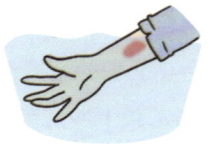

① 在冷水中持续浸泡10～30分钟，可缓解疼痛，散发热量。
② 若宝宝年纪小，而烫伤的面积较大，在浸泡时需注意观察宝宝体温。

110

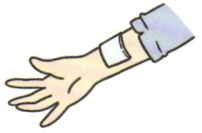

①以洁净或无菌的纱布、毛巾覆盖伤口并固定。

 切记不要给孩子涂抹任何东西！

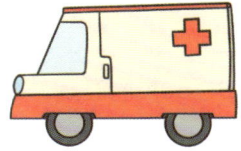

①出现大面积烫伤，或者家长拿不准伤势，冲洗降温后立即就医。
②送医途中要用无菌纱布（或者干净毛巾）轻轻遮盖烫伤部位。
③送医途中可用毛巾裹着冰袋进行冷敷。

后续治疗

（1）轻度烫伤

若烫伤部位只是轻度红肿而没有水泡，一般不需要处理，只需留心观察患处，静待皮肤自行修复即可。如果冷疗后还有疼痛感则可涂抹专业烫伤膏。

（2）严重烫伤

如果烫伤损及真皮层或真皮以下的组织，会出现水泡，严重的话皮肤还会变黑。水泡里面的液体是无菌的渗出液，千万不要自行弄破，以免感染。建议请专科医生处理。

医学小贴士

不经意间的低温烫伤

长时间用取暖设备后发现皮肤发红、肿胀、脱皮或出现水泡，就意味着发生低温烫伤了。近年来，最常见的取暖设备烫伤便是暖宝宝贴，特别是去寒冷的地方旅行，贴一片在身上暖暖的很舒服，但给孩子使用就要特别警惕！

（1）低温烫伤的原因

暖宝宝贴可以产生50~60℃的温度，贴在衣服外部再传递给人体，皮肤能够适应甚至感到舒服。但是儿童的皮肤薄弱，感应能力欠佳，如果家长未能细心照顾，未及时取下"暖宝宝"，使"暖宝宝"长时间与皮肤接触如同"温水煮青蛙"，在不知不觉中就会给孩子造成低温烫伤。

（2）避免低温烫伤

①冬季取暖，要用毛巾包裹热水袋，温度不可过高，且需拧紧防止漏水烫伤；②避免给孩子使用"暖宝宝"之类的取暖产品；③使用电热毯、电暖器等取暖设备时要做好防护工作，不可以让孩子皮肤直接接触。

 发生低温烫伤后处理方法同烫伤处理。

触电

触电除了会带来烧伤,还会出现心脏循环系统停止,使人昏迷。户外雷击也会造成这种伤害,但比较少见。

救治方法

(1)脱离电源

①首先迅速切断电源,或用绝缘物体(例如木棍、扫帚)挑开电线,将孩子和导电物体分开。

👉 请注意

不要直接触碰受害者!人是导体,一旦接触也会触电。

②如果是高压电,我们不能轻易靠近,应通知有关电力部门,关闭电源后再进行现场抢救。

(2)判断生命体征

①触电抢救前,通过对孩子的意识和呼吸的判断来检查他是否存在生命体征。我们可以通过掐捏孩子的指尖或者拍打他的足底,并呼唤孩子来检查他的反应,同时观察他的胸腹部有没有呼吸。

②观察5~10秒钟,如果触电的孩子既没有反应,又没有呼吸动作,特别是胸腹部没有起伏的话,就要马上联系120急救,并立刻进行胸外心脏按压和人工呼吸等心肺复苏的抢救。详细操作见本章"08心脏骤停要及时抢救"一节的内容。

> 防护要点

（1）平时重视孩子的安全教育，尽量不要让孩子接触到带电的器具。

（2）入住酒店先检查插座、电器的插头、电线是否有质量问题，橡胶绝缘层如有破损应立刻要求酒店方更换。

煤气中毒

以前大多数家庭使用燃气热水器，浴室封闭不透风，煤气中毒时有发生，现在家庭洗澡用电热水器较为普遍，煤气中毒发生率明显减少。但旅行在外，一些农家乐住宿还在用煤气燃气热水器，使用时注意通风、打开排气扇，看顾好小孩，避免意外发生。

> 救治方法

一旦发现，立即关闭煤气阀门，开窗通风，将患儿转至室外，呼吸新鲜空气。保持呼吸通畅，然后卧床、保暖。

轻度的煤气中毒，会出现头痛乏力、头晕、恶心；重度中毒者脸部会呈现樱桃红色，呼吸困难和昏迷。一定要尽快打120求救或去就近医疗机构急诊。

> 防护要点

①家长每年都要检查所有的燃气设备，包括加热器、炉灶、取暖器、壁炉等，以免设备和管道老化导致意外发生。

②不要在密闭的空间里如营屋、房车、拖车箱帐篷里使用燃油或燃气的取暖器。

11 快速鉴别出疹性传染病

出疹性传染病在儿童中发病率比较高,多数是在病毒或细菌感染后出现发热及皮疹等症状。在旅途中,常见儿童的急性出疹性传染病有手足口病、水痘、猩红热、登革热。

手足口病

孩子们去游乐场、波波池等公共场所游玩的时候,接触到手足口病患儿或接触了手足口病毒污染的玩具,从而被传染。

手足口病是由多种肠道病毒引起的常见传染病,多发生于学龄前儿童,尤以5岁以下年龄组发病率最高。

症状

大多数患儿症状轻微,以发热和手足、口腔等部位的皮疹或疱疹为主要特征,但少数患儿可并发神经系统并发症,重者可出现呼吸、循环功能衰竭等并发症。

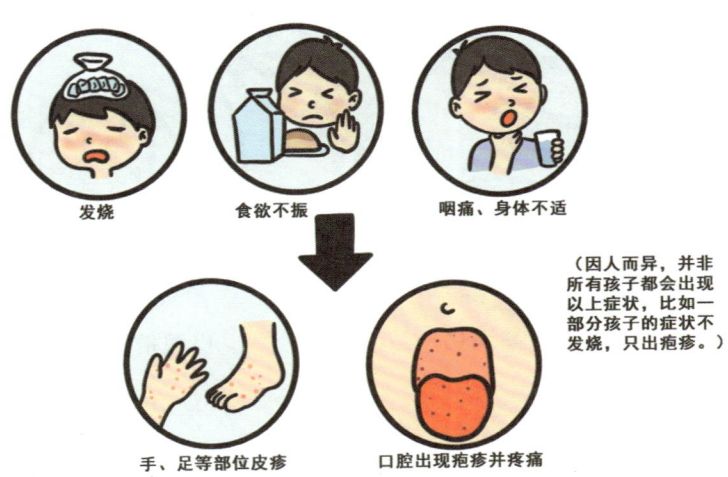

发烧　　食欲不振　　咽痛、身体不适

手、足等部位皮疹　　口腔出现疱疹并疼痛

(因人而异,并非所有孩子都会出现以上症状,比如一部分孩子的症状不发烧,只出疱疹。)

> 治疗

手足口病大多数情况可以自愈，无需特殊处理，主要是以对症治疗为主。

高热——给予退烧药，进行物理降温（参考第二章"01 几招缓解感冒症状"）；

口腔疱疹——用双料喉风散、开喉剑喷雾剂等喷喉；

皮疹瘙痒——可在皮肤上涂擦炉甘石洗剂。

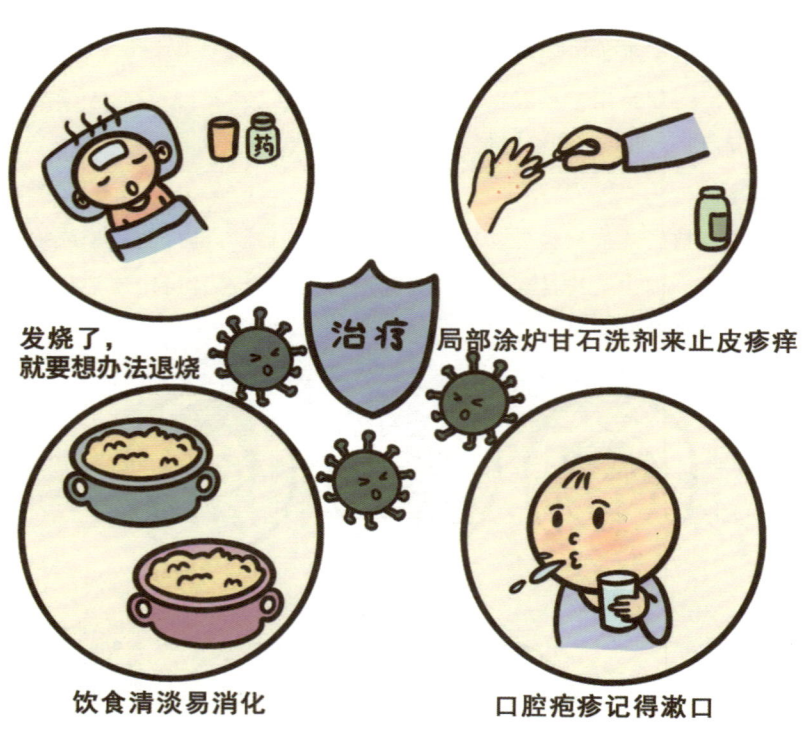

手足口病的孩子出现反复高热，口痛拒食，口干口渴，尿黄便秘，这种热毒较盛的病证，可用清热解毒口服液、双黄连口服液、小儿热速清口服液等来进行清热解毒。

就医

建议家长带孩子到正规医院进行检查确诊，对患儿进行隔离并积极治疗。出现精神状态较差，肢体抖动、易惊、抽搐等症状要立刻送医院治疗。

预防

目前已有预防肠道病毒71型的EV71疫苗供应。家长注意外出游玩之后要叮嘱孩子认真洗手、洗脸，回家后要换上干净衣物。

隔离

居家隔离7~14天。

水痘

水痘的传染性非常强,水痘病人是唯一的传染源。与水痘患者接触过的儿童如果还未患过水痘,又或者从未接种过疫苗,发病概率大于90%。

症状

有水痘接触史,发热1~2天内会出现高出皮肤表面的红色疹子,开始为小红点,很快就变成疱疹,形成圆形或椭圆形水痘,内含水液,痘周围发红、发痒。2~3天水痘变瘪结痂,几天后脱干痂,一般不留疤痕。

水痘是一批一批出现的,在同一时期,同时见到红色斑疹丘疹、疱疹、结痂。躯干比较多,四肢分布少。

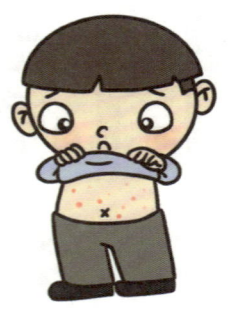
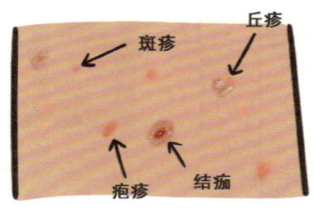

治疗

轻症患儿无须特殊治疗,只要对症处理发热症状,防止抓破疱疹引起继发感染。

皮疹——量少的擦炉甘石洗剂;量多的擦阿昔洛韦软膏。

皮疹瘙痒——口服抗组胺药物。

皮疹破溃感染——用抗生素软膏涂搽患处，必要时口服抗生素治疗。

湿热患儿可服板蓝根颗粒、清开灵颗粒清热祛湿。重症可在医生指导下用抗病毒药物治疗，如阿昔洛韦。

就医

建议家长带孩子到正规医院进行检查，确诊后需要马上对患儿进行隔离并积极治疗。

水痘可能出现一些并发症，比如咳嗽、咳痰、胸痛、呼吸困难等不适症状，考虑水痘合并肺炎；发热、头痛，严重者可能会出现意识障碍等，可能是病毒性脑炎。如果孩子伴有发热、皮疹之外的不适症状，要尽早就医。

预防

患水痘期间可接种水痘减毒活疫苗。不要接触水痘患儿。

隔离

隔离患儿至皮疹全部结痂为止。

猩红热

症状

开始发烧急、嗓子疼、头痛。一天后开始出细小的猩红色丘疹，先从颈部开始，一般一天内全身都会出疹。皮肤发痒、发烫，压之褪色。

腋窝、肘窝、腹股沟等处皮疹会较密集，形成深红色的横纹线（帕氏线）；面部充血发红，口唇边发白，舌头发红，起点刺，出现"杨梅舌"。皮疹消退时有小片的脱屑，手掌和足底大片脱皮。

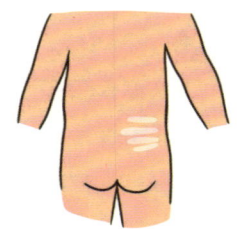

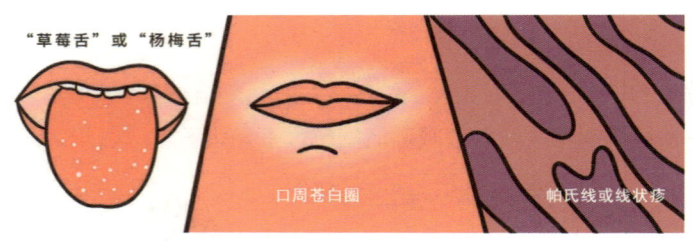

就医治疗

建议家长带孩子到正规医院进行检查，确诊后需要马上对患儿进行隔离并积极治疗。后续的治疗和护理方案，也需要咨询医生后遵医嘱进行。

治疗上首选青霉素，对青霉素过敏的患儿，可选用红霉素、林可霉素、头孢类抗生素等。中成药方面，可用小儿豉翘清热颗粒、双黄连口服液等帮助清热解毒。

预防

在猩红热流行期间，家长应避免带孩子到公共场所和人多的地方，住房应注意通风。若孩子曾与猩红热患者接触，家长应带孩子到医院检查身体，必要时可服药预防。尤其是曾经患过肾炎或风湿热的孩子更需要注意预防。

隔离

至体温正常及症状消失、皮疹消退，咽拭子培养无链球菌生长。

登革热

随着夏季气温攀升，登革热也进入了高发期。登革热是由于被携带登革病毒的伊蚊类型的蚊子叮咬后，出现的急性虫媒传染病，具有较强的传染性。由于气温高的时候，蚊子滋生快且多，所以登革热传播快而广。

症状

起病急，高热，头痛，肌肉、骨关节剧烈酸痛，部分患者出现皮疹、出血倾向、淋巴结肿大、白细胞计数减少、血小板减少等。

皮疹可为斑丘疹或者麻疹样的皮疹，皮疹分布于全身、四肢、躯干、头面部，有明显瘙痒感。

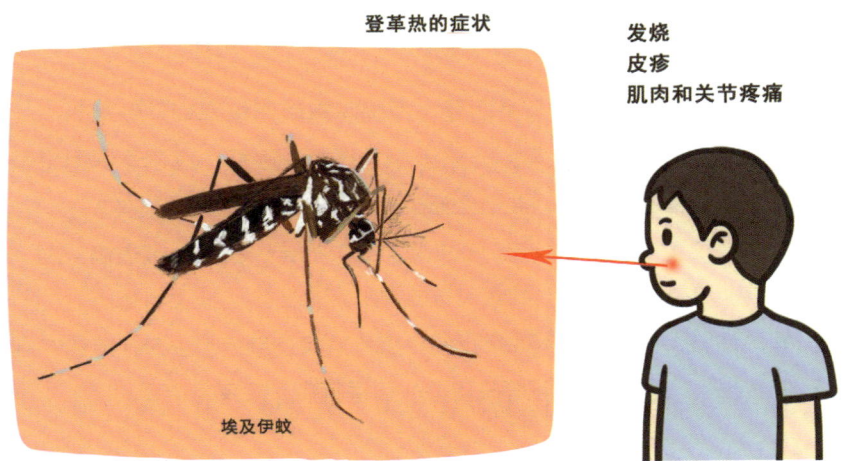

就医治疗

登革热是一种具自限性倾向的传染病，无并发症患者的病程约为10天。患病后尽快去医院就诊，对症治疗，退热、补液。对剧烈头痛、出现颅内高压症的，用药降低颅内压。有出血倾向者可给予维生素K等止血药物。

预防

防蚊、灭蚊是预防登革热的根本措施。外出旅行时睡觉前进行灭蚊，尽可能使用蚊帐，随身带着防蚊液。在森林或草地游玩时应注意穿着长袖、长裤，做好防蚊措施。避免在炎热季节去登革热高发地区旅行。

隔离

患儿应隔离在有纱窗、纱门的房间内，隔离时间应不少于5日。

医学小贴士

Q: 蚊虫传播哪些常见疾病

菲律宾、越南、马来西亚、泰国等东南亚国家都是登革热高发地区。到热带（全年）、亚热带（夏季）旅行，应该认识到虫子可以传播各类疾病，要防止感染虫媒传染病和虫咬性皮炎。

蚊虫可以传播登革热、基孔肯雅热、寨卡、疟疾、黄热病、乙型脑炎等常见传染病，蜱虫可以传播非洲蜱咬热、地中海斑点热、蜱源性脑炎等疾病，其他常见的虫媒传染病还包括恙虫病（恙螨叮咬传播）、鼠疫（跳蚤叮咬传播）和昏睡病（采采蝇传播）。

12 必备旅行小药包

退烧药

每次出门必备对乙酰氨基酚或者布洛芬。该类药物有片剂、胶囊、颗粒、溶液（干混悬剂）等多种剂型。如果是溶液剂型的退烧药，建议托运，不要随身携带上机。

中成药

小儿呼吸道感染使用中成药推荐品种

中成药	症状	疾病
小儿柴桂退热颗粒或口服液	发热、鼻塞、流清涕	上呼吸道感染
蒲地蓝消炎口服液	咽痛、咽红肿	急性咽炎、扁桃体炎
	发热、咽痛、拒食、流涎、咽峡疱疹	疱疹性咽峡炎
	扁桃体脓性分泌物	急性化脓性扁桃体炎（联合抗生素治疗）
小儿解表颗粒	发热、鼻塞流涕、咳嗽、咽痛	上呼吸道感染

（续上表）

中成药	症状	疾病
芩香清解口服液	发热、鼻塞、流浊涕、咽痛、便秘	上呼吸道感染
小儿双清颗粒	鼻塞、咽红、便干	上呼吸道感染
连花清瘟颗粒	发热、头痛、四肢酸痛、咽痛	上呼吸道感染 流行性感冒
藿香正气口服液（无酒精型）	头昏、脘腹胀满、呕吐	胃肠型感冒
小儿肺热咳喘口服液	咳嗽、咳痰、发热、鼻塞流涕	上呼吸道感染 支气管炎
健儿清解液	咳嗽、咽痛、呕吐、腹泻	上呼吸道感染
小儿豉翘清热颗粒	咳嗽、发热、流涕，伴有腹胀、便秘	上呼吸道感染
儿童回春颗粒	感冒伴发热、惊厥	上呼吸道感染 高热惊厥
儿童型开喉剑雾化剂（辅助用药）	咽痛、流涎、咽峡疱疹	疱疹性咽峡炎 急性扁桃体炎

（注：以上药品，仅供参考，实际应用，请遵医嘱）

可根据孩子平时常出现的症状来准备中成药，或者不适时到药店选择相应的药物。

外出旅行免不了吃香喝辣，晚睡早起，容易上火，在感觉喉咙干痒不适的初期就应尽早服用清热的中成药，避免演变成咽痛、咳嗽，病情加重。平时体质差、容易着凉感冒流清涕的孩子要带辛温解表的中成药。

如果孩子平时肠胃功能不好，可以备用一些调理肠胃的中成药，比如消食化滞的保和颗粒、保济口服液。

益生菌

外出可以选择布拉氏酵母菌、复方嗜酸乳杆菌片等，不需要低温保存的种类，保存时注意避光和避高温即可。

抗过敏药

可选择氯雷他定片、盐酸西替利嗪滴剂或盐酸左西替利嗪口服溶液，出现过敏症状、感冒时流涕多，都能派上用场。

外用药

抗感染药膏

莫匹罗星软膏（百多邦）、红霉素软膏，有皮损的时候可以使用。

抗过敏药膏

糠酸莫米松乳膏（艾洛松）对湿疹、荨麻疹、皮肤瘙痒有效，丁酸氢化可的松乳膏（尤卓尔）适用于过敏性皮炎、脂溢性皮炎、过敏性湿疹及苔藓样瘙痒症等。

生理盐水喷鼻剂

在潜水、游泳后可清洗鼻腔，小孩鼻炎发作时亦可使用。

抗生素

备用妥布霉素滴眼液、氧氟沙星滴耳液，在眼睛、耳道感染不适时使用。这些是抗生素，是处方药物，需在医生指导下用药。

其他

创可贴要放在随身包里。如果有游泳或潜水活动，则备用透明敷贴。旅行小药包还应备有一次性口罩、温度计、碘伏（或碘伏棉签）、无菌纱布、棉签。

第三章　旅行中不同场景的防护

01 海岛

海岛游是时下带娃旅行最热门、最惬意的选择，也特别适合全家出游。蓝天白云，椰林树影，海蓝沙白，来海边游玩，对于孩子相当有吸引力。小宝贝可以追逐海浪，捡贝壳，捉螃蟹；大孩子可以参加海上运动，比如香蕉船、摩托快艇、冲浪、游泳、潜水。

出发前准备

目的地

◎海岛游玩

(1) 选岛

①外国海岛

海岛的住宿条件、游乐项目、食物接受度、购物便利性是选岛时需要考虑的。比如，东南亚的普吉岛、巴厘岛等海岛开发成熟，购物方便，有非常多的亲子酒店可供选择，适合一家老小同行。沙巴的海鲜价廉物美，航班相对便宜，还可以带孩子去看长鼻猴和萤火虫。马尔代夫大部分是一岛一酒店，以潜水及休闲为主，适合小朋友的娱乐项目偏少，部分奢华酒店甚至谢绝儿童入住。夏威夷路途较远，旅行费用相对较高，自然风光并不优于东南亚海岛，但是生活购物非常方便，可以买到低价的大牌。

②中国海岛

在我国漫长的海岸线上，也有很多美丽的海岛值得我们去探索，其中最出名的海岛当属海南岛，从亚龙湾、大东海、三亚湾到海棠湾，有很多适合亲子游的酒店，环境和设施都大获好评。南沙群岛、西沙群岛的自然风光堪比马尔代夫，但因目前还处于开发阶段，不太适合亲子旅行。除此之外，广西的涠洲岛、广东的海陵岛、浙江的南麂列岛、山东的庙岛列岛、福建的大嵛山岛等岛屿都各有特色，交通便利，适合不同的旅行需求。

(2) 注意事项

去往国外海岛需要提前办理签证。有部分海岛是免签证或落地签，可以在选择好目的地后详细了解。孩子的护照要提前办理好，出境要求护照有6个月以上的有效期。

时间点选择

东南亚的很多海岛一年只有两个气候：旱季和雨季。在选择目的地的时候要关注出行时间点是不是当地的雨季。

虽然雨季不代表天天都下雨，但是雨季的降水量是明显高于旱季的，会对游玩造成影响。并且多数海岛的雨季会伴随着台风，这种恶劣天气情况应尽量避免出行。

我们去普吉岛时就是当地的雨季，印象太深刻了，快艇开往皇帝岛的途中犹如过山车，被狂风巨浪拍打，我们内心崩溃，五脏六腑都受罪。

在马来西亚的新山旅行时，因为2月还是属于当地的雨季，经过对比，我选择了乘船时间最短的离岛——伯沙岛，只需要半小时船程。

我们预订的是海岛3天2夜的一价全包行程。行程本来是包含一次出海浮潜的，但是雨季为了安全起见，度假村不建议我们出海，于是准备了海鲜晚餐作为补偿。

度假村在海边围出一块相对安全的区域给旅客岸潜，不过海底景色一般，鱼群种类不多。

海岛的雨季通常长达半年，所以并不是说雨季就一定不能出游。大多数海岛的雨季，以阵雨为主，来得快去得也快，如果只是在沙滩上游玩，影响不会很大，但不太适合体验户外或水上项目。

航班选择

国内有很多飞往东南亚的廉价航班，基本上都是"红眼航班"（这种航班在深夜至凌晨时段运行，并于翌日清晨至早上抵达目的地）。虽然"红眼航班"会比较劳累，但是对于假期很短的家庭，选择夜间飞行的"红眼航班"会省下不少时间，多了1至2天完整的游玩时间。

另外，很多海岛需要转机。除了一些我们耳熟能详的海岛，大部分东南亚的小众海岛从国内部分城市出发都没有直航航班，比较折腾，孩子比较小的话要慎重考虑。

到马尔代夫旅行，国内很多城市都需中转，单程花费时间12小时以上。大城市有直航的航班，北京有直飞9小时的行程，上海有直飞7.5小时的行程，广州直飞需5.5小时。通常到了马累（马尔代夫首都）要住一晚，次日乘坐水上飞机或快艇到预订的小岛。

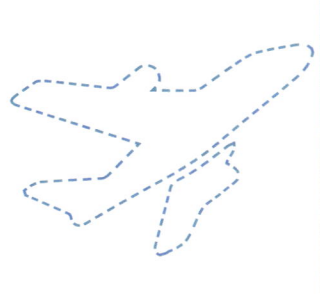

衣物准备

(1) 防晒三宝

帽子、墨镜、防晒衣。

在海滩玩沙应给孩子选用帽檐较大的可以遮挡脖子和耳朵的防晒帽，套上防晒冰袖，或者直接穿薄长袖，有条件的支上大大的沙滩伞。户外游泳或潜水选用长袖、长裤的潜水衣，以免晒伤。

(2) 防晒霜

携带一支高倍数的防晒霜，多涂一些，避免在正午到下午4时这段时间暴晒。

(3) 沙滩用具

视情况带适合孩子码数的救生衣，挖沙工具、可折叠的小水桶。

(4) 鞋

准备凉鞋或沙滩鞋。注意不要让孩子光脚走在沙滩上，以免被杂物或贝壳等利器划伤。

开始一场海岛旅行

玩沙玩水

(1) 玩水的事前功课

◎美娜多白沙岛

在酒店海域或泳池游泳需注意安全，并结伴同行。去海里游泳时要先了解潮汐、了解水温，听从沙滩救生员的指挥。预先做准备运动，以防抽筋。不要带孩子前往未开发的海边游泳。

(2) 远离地势险峻的海岸

尽量避免靠近岸坡陡峭的海岸边缘，防止滑入、跌落海里。

(3) 证件等贵重物做好防水措施

手机、证件、房卡等随身物品装入防水袋中，以防跌入水中浸泡损坏。

海上活动项目

参加香蕉船、高速摩托艇、水上飞机、海上拖曳伞等活动的游客要听从工作人员的安排，并穿好救生衣，落实各项安全措施。家长不要让孩子单独活动。

食用海鲜

(1) 必须干净卫生熟透

①尽量选择正规餐厅用餐。不要在小摊上购食烧烤海产品。

②孩子不要吃生海鲜，也不能大量进食海鲜，可能导致消化困难，

腹胀、腹泻等不适。

③注意海鲜是否干净、新鲜，是否彻底加热、蒸熟、煮透。如果有异味，怀疑变质或发现半生应立即停止食用。

行程用车

像普吉岛等交通相对发达的海岛，可选择出租车，或者通过打车软件（如Grab）叫车，价格比较有保障。但多数海岛交通状况不佳，距离较近的一般建议步行或乘坐当地三轮车等小型交通工具，距离较远的建议请正规旅行社安排专车和司机。

注意当地的风俗习惯以及禁忌事项

(1) 了解当地宗教风俗

在巴厘岛有80%的人信奉印度教，小部分人信奉伊斯兰教、天主教、基督教和佛教。

(2) 注意宗教事项

①在游览地点或者是在街上行走时要注意避开当街排列的祭祀用品，千万不可踩踏；

②进入寺庙和宗教场合的衣着须整洁正统，女性不可以穿短裤入内，一般寺门口都会有纱笼可以借用；

③不要进入印度教寺庙，非印度教徒是禁止进入的；

④切勿用手触摸当地人头部或用手指指人。

处理溺水意外

儿童溺水的表现

第一，头被浸没于水下，嘴巴露出水面。

第二，头向后倾斜，嘴巴张开。

第三，双眼无神，无法聚焦。

第四，紧闭双眼。

第五，头发盖住了前额或眼睛。

第六，看似直立于水中，腿无法运动。

第七，呼吸急促或痉挛。

第八，试图游向某个方向，却无任何前进。

第九，试图翻转身体。

第十，做出类似攀爬梯子的动作。

救治方法

(1) 迅速救上岸

首先保证施救者（家长）的自身安全，呼唤周围人群，多人一起施救。尽量利用绳索、救生设施在岸上进行救援。

👉 可以向溺水儿童抛掷漂浮物，如救生圈、空桶、木板等，让这些漂浮物帮助求救者浮出水面。溺水儿童离岸边不远，可以将绳子扔给他，或将长棍伸向他，在确保自己能够站稳的情况下，将他拉到岸边。

若孩子溺入深水，施救者应先吸大口气，潜入水下，从孩子背后施救。将其头颈部托起，使其面部露出水面，然后将其拖上岸。

(2) 岸边早期复苏

根据溺水者状态选择不同急救措施。

状态		急救措施		图示
清醒	有呼吸有脉搏	拨打120，保暖，等待救援人员		
昏迷	有呼吸有脉搏	急救：清理口鼻异物，稳定侧卧位，等待救援人员	密切观察呼吸、脉搏情况，必要时进行心肺复苏	
昏迷	无呼吸有脉搏（患儿喉痉挛，无呼吸，脉搏微弱濒临停止）	急救：即刻清理口鼻异物，开放气道、人工呼吸	当呼吸恢复后侧卧位	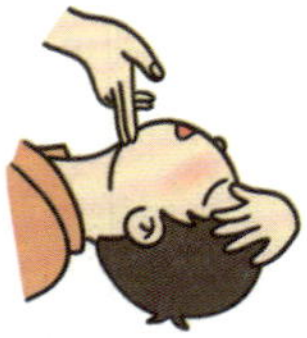 
昏迷	无呼吸无脉搏	急救：即刻清理口鼻异物，开放气道、人工呼吸、胸外按压	同时拨打120，并持续复苏至患者呼吸脉搏恢复或急救人员到达	

> 请注意
> ①清除异物
>   上岸后第一步检查溺水者的口腔，清除口腔和鼻腔内的杂物，保持呼吸道通畅。及时解开溺水患儿的衣扣、领口，避免呼吸限制。
> ②心肺复苏
>   溺水患儿如果没有自主呼吸，应及时开放气道，先进行5次人工呼吸，并检查颈动脉搏动。如果无脉搏，则开始心肺复苏。
>   详见第二章"08　心脏骤停要及时抢救"。
> ③保暖
>   溺水患儿有意识，可尽快脱去潮湿衣物，用干毛毯、干衣服或棉被包裹保暖。如果无意识，先进行早期心肺复苏，待稳定再行保温处理。
> ④就医
>   抢救中应积极寻求帮助，及时将溺水患儿转送至附近医院。无论患儿是否感觉异常，都应该到医院做进一步检查，以防止迟发性的肺部损伤。

预防儿童溺水

第一，当孩子在水边和水中时，时刻注意看管，不要离开孩子。危险通常发生在家长去接电话或与别人聊天时。

第二，不要在没有成人的陪同下让孩子去海边或泳池游泳。

第三，不要让孩子单独潜入水中。即使孩子已经在正规教学机构学会潜水的方法，也要严格执行"潜伴制度"，并在成人的监护下进行。

第四，让孩子远离泳池排水口。

第五，不要让孩子去野外的河道、湖泊等禁区游泳。

第六，坐船时，给孩子穿好救生衣。

02 潜水

地球表面有71%的面积被海水覆盖，孩子们对神秘的海底世界充满了幻想。通过潜水可以探知水中的奇异世界。虽然潜水是一项休闲的水下活动，但它不同于普通的游泳，需要一定的专业技能训练。

◎寻找"尼莫"的家

认识潜水

潜水可以分为浮潜、水肺潜水、自由潜水。

浮潜

多数人对潜水的认识始于浮潜。简单讲，浮潜就是使用面镜、呼吸管、脚蹼、救生衣等工具漂浮在水面，头埋在水里观察水下景观的一种潜水活动。

浮潜被很多人认为没有技术难度，其实每年都有因为浮潜而发生事故的游客。为保障自己及孩子的安全，新手一定要学习浮潜的知识再下海浮潜。

(1) 装备

①浮潜三宝——面镜、呼吸管、脚蹼。

面镜 贴合脸部	• 潜水面镜同时罩住眼睛和鼻子，用嘴呼吸。 • 如有近视，可选择带度数的潜水面镜。
呼吸管 咬嘴完整	• 浮潜时平趴水面，呼吸管上部会在水面，下部咬嘴咬在齿间，通过嘴巴呼吸水面的空气。 • 确保孩子嘴巴能够咬住包住咬嘴。
脚蹼 码数合适	• 浪大或暗流的情况下，脚蹼的作用尤为明显，可增大推动力。 • 孩子最好穿上潜水袜之后再套上脚蹼，以防磨损脚后跟。

潜水镜的正确佩戴

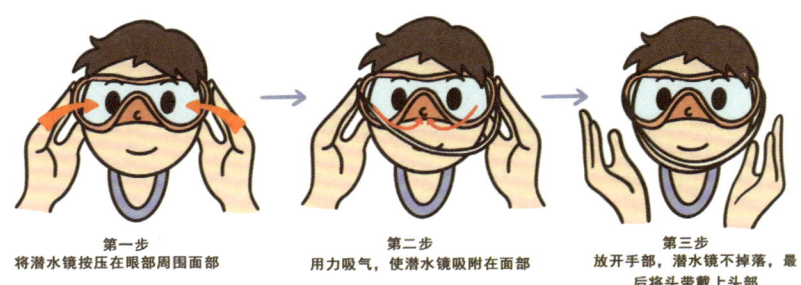

第一步　将潜水镜按压在眼部周围面部

第二步　用力吸气，使潜水镜吸附在面部

第三步　放开手部，潜水镜不掉落，最后将头带戴上头部

　　建议可以在泳池先进行装备的使用及熟悉，并检查是否存在装备质量问题。等孩子不害怕把脸埋到水下，并能够熟练地使用面罩和呼吸管之后，就比较不容易呛水了。

②救生衣

记得一定要穿救生衣。即使自己的水性好也不要脱掉，和泳池不同，海下的情况变化多端，潮汐、暗流等都可能引发意外。在呛水或者是体力不支的情况下，救生衣可以省力、救命。

(2) 安全事项

①周边环境：浮潜时不要过于专注看水里的生物，要注意观察周边环境，评估自己与潜伴、岸边、船之间的距离。

> 请注意
> 不要远离你的船只！不要在船尾马达处浮潜！

②潜伴：切忌单独潜水。潜伴之间应互相有个照应。若潜伴出现危险状况，要做的第一件事就是大声呼救，引起其他人的注意。

③防晒：浮潜的地方大部分在热带，阳光猛烈，海面无遮无挡，浮潜又大部分时间漂浮在水面，特别容易晒伤。可自备水母服。

④海洋生物：保护海洋生物，尽量绕开珊瑚、海胆等浮潜，也避免划伤自己。

(3) 儿童浮潜

旅行潜水的宗旨是让孩子体会浮潜的乐趣，6岁及以上儿童经过培训可以很好地适应浮潜。但不建议0～5岁的孩子去浮潜，特别是不会游泳的孩子，毕竟这是一项带有潜在危险性的运动。

全干式儿童浮潜面罩：很难做到用嘴呼吸的孩子可以用这类面罩。面罩覆盖整个脸部，呼吸管在正头顶位置。头朝下的时候呼吸管正好朝上，在水面下只要正常呼吸就可以了，不会有呛水的风险。

可以带低龄儿童慢慢接触海洋，他们随着年龄逐渐

长大也能从中感受到乐趣。

小文3岁之后我们每年潜水都带他一起去，他很喜欢玩水，也不怕水。我们选择在风平浪静的海域使用游泳圈、穿着救生衣玩水。

◎带着小文去潜水

为了小文也能感受到海里看鱼儿的乐趣，我们给他戴着浮潜观察桶（四周是桶状的充气浮圈，底部是透明的，可把头伸到桶里看海底）。可在岸边浅水的地方站着使用，在深水区域需要大人帮助控制好平衡。孩子在水边玩耍，父母必须时刻在孩子身边，给予最贴身的保护。

◎浮潜观察桶

帕劳有着得天独厚的地理环境，全年无台风，海面都是风平浪静。"上帝的鱼缸"所名非虚，特别适合带孩子出海，浮潜可以看到种类特别多的鱼群。只是帕劳与我国尚未建交，出行有一定风险性。

水肺潜水

当年我独自去巴厘岛旅行，前往深潜胜地——图兰奔体验潜水。这是我第一次深潜，从此被海底世界深深吸引。为了能更深入地了解潜水这一运动项目，也为了之后的潜水安全，我便下决心要考取水肺潜水证。

(1) 水肺体验潜水

如果未曾学习潜水，但又想潜入海中欣赏海底美丽的世界，可以选择"体验潜水"。

水肺体验潜水是在潜水教练的指导和控制的情况下，借助水肺潜水器材而进行的潜水体验活动，最大下潜深度不超过12米。

①年龄要求

10岁以上。

②健康要求

潜水时无感冒、无鼻炎症状，无中耳炎等耳部疾病，无外伤，无高血压、心脏病、哮喘等慢性疾病。这个活动禁止孕妇参加，并且不能服用会引起嗜睡、疲倦的药物。

③体验地点

开放水域（海洋、江湖、水库等）或者限制水域（深水泳池、水族馆等）。

④体验流程

a. 教练讲解基础理论知识及泳池练习

讲解水底呼吸适应、耳压平衡、水中基本通信手势、潜水设备的使用等。

泳池浅水区技巧练习：水底呼吸、清除调节器积水、寻回调节器、清除面镜的积水、耳压平衡压力技巧等。

b.在教练带领下潜入大海，近距离接触海底世界

水肺潜水应服从教练指挥，严格执行潜伴制度，下水前测试各用具是否能正常使用。水肺潜水后不要立即乘飞机，建议最近一次潜水后至少18小时再乘飞机；如果是多次潜水或需要分段减压回到水面的潜水，间隔时间应延长至24小时。

（2）考取水肺潜水证

①机构的选定

我们考取水肺潜水证，在选择潜水中心时，要看它是隶属哪个机构。休闲潜水主要有以下机构：

CUA（中国潜水运动协会）、CMAS（世界潜水联合会）、PADI（专业潜水教练员协会）、NAUI（国际潜水教练协会）、ADS（国际潜水学校联盟）、SSI（国际水肺潜水学校）。

他们的教学方法和计划都是类似的。考取潜水证（执照）之后就可以在全世界的潜水中心潜水，资格是互认的。

②课程的选择

OW——Open Water Diver，中文为"开放水域初级潜水员"，下潜深度被限定在18米，学习时间一般为4天。

AOW——Advanced Open Water Diver，中文为"开放水域进阶潜水员"，下潜深度被限定在30米，AOW课程为学员提供不同的专长潜水训练，如深潜、船潜、水中导航及夜潜等。考完OW之后才能考AOW，学习时间为2天，OW和AOW一起学顺利的话是6天。

一般休闲潜水的话，考这两个等级就差不多了，可以玩的东西已经很多了，热爱潜水人士追求更极致的话可以依据自己情况继续考深入和专业的等级。大多数人是趁着去东南亚旅行的时候把OW潜水证考下来，不过带孩子一起去旅行是很难参加这种短期考证的。

(3) 儿童水肺潜水课程

按照PADI（专业潜水教练员协会）的标准，无论深潜、浮潜、自由潜，如果要在PADI考取相应的潜水员证书，都有最小年龄限制。8岁以前孩子肺部和耳朵还没有发育完善，12岁后再学潜水会更合适，孩子的心理素质更好。

水肺潜水员最小的年龄限定是8周岁，课程都是在泳池中完成。年满10周岁的小朋友，可报考青少年开放水域潜水员（Junior Open Water）课程。年满15周岁的可报考OW课程。

自由潜水

自由潜水是水面吸气后憋气凭借自身的能力下潜，在水中可以停留多久时间就得看个人的生理状况与技巧。下潜的深度可以无限制，从而形成一种自我的极限挑战。

越来越多的人发现了自由潜水的魅力后接踵而至。没有气瓶，仅靠一口气潜入海底，让身心与大海更贴合，成为一条真正的"鱼"。

(1) 自由潜水入门

这项极限运动需要很多技巧，必须通过认真学习和不断训练，才能很好掌握。通过了解初级自由潜水员的课程内容，让我们对自由潜水有进一步认识。

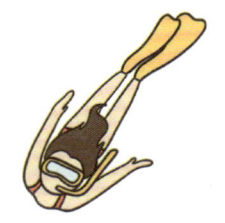

①学习理论知识：在教练的讲解中认识自由潜水，人体为什么需要呼吸，如何延长自己的闭气时间，自由潜水的装备都有哪些特性，自由潜水有哪些潜在的风险和如何避免这些风险。

②静态闭气的练习：一般初级要求标准是静态闭气1分30秒。闭气时间越长，越能从容地享受自由潜水的乐趣。

③攀绳下潜、耳压平衡的练习：自由潜水最核心的技巧就是"法兰

佐耳压平衡"了。法兰佐耳压平衡会让潜水员轻松快速平衡地适应瞬间下潜带来的耳部压力递增，避免耳部被水挤压带来的剧痛。但法兰佐耳压平衡并不是每个人都能轻松掌握的。

④鸭式入水：自由潜水员像鸭子一样头朝下的下潜动作。这个动作可以让自由潜水员轻松下潜到2～3米深，然后开始踢腿继续下潜。

(2) 儿童自由潜水

PADI规定，必须年满15岁儿童且具有充分的游泳技巧才能报名参加自由潜水员课程。12～15岁的儿童可以报名参加PADI基础自由潜水员课程，也要求有相当的游泳技巧。

(3) 美人鱼潜水

美人鱼潜水也是自由潜水的一种。美人鱼运动是集花样游泳、自由潜、蹼泳、瑜伽和美感于一身的新潮项目。这项课程需要学习下潜、长时间屏住呼吸、耳压平衡，同时还要保持优雅的姿势和游刃有余的水下动作。

小朋友也可以学习美人鱼潜水。年龄6岁以上、身体健康的孩子，且对水不恐惧，有独立游泳12米的能力，就可以参加SSI美人鱼体验课程。12岁以上儿童，要求有50米独立游泳能力，可参加SSI基础美人鱼课程。

◎美人鱼潜水

认识潜水

目的地选择

为潜水而旅行肯定会优先选取有名的潜水胜地。东南亚的水域温暖，海洋生物丰富，各种地形都有，非常适合潜水的学习。而且在东南亚各个潜水胜地都有华人开的潜水店，沟通交流方面不成问题，他们大多经验丰富，只要挑个口碑好的就可以了。我国海南岛也适合潜水，比如分界洲岛、蜈支洲岛等。以下推荐一些潜水胜地供参考。

泰国：涛岛、普吉、斯米兰等；

马来西亚：仙本那、马步（诗巴丹）、停泊岛等；

菲律宾：宿务、薄荷岛、PG、Anilao、杜马盖地、妈妈拍丝瓜、长滩岛等；

印尼：巴厘岛、美娜多等；

南太平洋：帕劳、斐济、塞班岛等；

非洲：毛里求斯、塞舌尔、埃及等。

👉 请注意

带孩子去潜水最好是选择温暖平静、海洋生物丰富、水深不超过5米的水域。

潜水与游泳

有很多孩子，不要说浮潜，甚至连走到海岸边踏浪的勇气都没有。原因很简单，就是存在对水的恐惧心理。

我们遇见过一个北方的7岁小女孩，她非常害怕水，整个行程都坐在船上不敢下水，在沙滩上也不敢靠近海边。也见过一个会游泳的6岁女孩，她第一次出海戴着儿童潜水面镜和呼吸管很快就学会了浮潜。

如果想带孩子出海潜水,建议平时多带孩子在游泳池玩水,先消除孩子对水的恐惧感。

对于大人也一样,虽然浮潜和水肺体验潜水都不要求会游泳,但是不会游泳的人不熟悉水性,遇水容易恐慌,而对于潜水来说,恐慌是最可怕的敌人。所以强烈建议大家在学潜水之前应先接触一些游泳的训练。就算不能完全自如地学会游泳,至少也培养自己对水的感觉,为之后的潜水学习打下基础。

认识海洋生物

家长带着孩子去海边游玩或出海潜水,在出行前要认识一些具有潜在危险的海洋生物,避免受到伤害。

海胆:海胆的全身都是刺,不过刺没有毒。它的移动方法是滚动,或者随着海水漂动。它不会主动攻击潜水的人,但是如果浮潜的时候遇到退潮,有可能踩到海胆被刺伤。

杜父鱼(石狗公)、狮子鱼、石头鱼:它们的共同特点是身上都有刺,这些刺虽不会致命,但被刺了会很疼。它们在感到威胁的时候会攻击潜水员。

海鳗：海鳗可以长到1米多。海鳗是夜行生物，喜欢藏在石头缝隙里面，夜潜的时候会遇到。海鳗性格害羞，只有在被打扰或受到威胁时才会出现攻击行为。

鸡心螺：它的壳中藏有毒刺，而这种毒刺可能会致命。

水母：绝大部分的水母都是有毒的。它们都有触手，触手上有特殊的构造，可以释放出毒液。例如僧帽水母就含有剧毒，它的细小触手能够达到9米之长，潜水时需注意避开。在澳大利亚潜水的时候，要注意一种剧毒水母——箱形水母。一只箱型水母的素毒足以毒死60位成年人，可数分钟内致人死亡，被称为"世界头号毒物"。

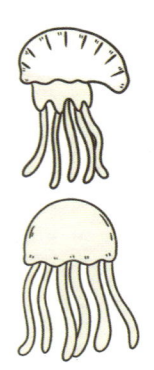

帕劳的水母湖里面有2万多只水母全都是无毒品种，是帕劳的热门游玩景点。2016年之后，因为厄尔尼诺现象，这些可爱的小精灵完全消失了。之后水母湖被政府紧急关闭维护，近年水母又开始繁殖了。

鳐鱼、蝠鲼、虹鱼：它们的尾巴带有毒刺，这是它们的攻击武器。遇到危险时，它们会用尾巴扫向潜水者，如果被刺伤，会立即出血肿胀，呕吐晕厥。

鲨鱼：成年的大白鲨体长有6米，成年的虎鲨体长有9米，移动速度快，对气味（血腥味、饲料味、尿骚味）非常敏感，性情不定。当它们被激怒的时候，会在你的头顶盘旋，而攻击潜水员的情况只会发生在你进入它们的领地时。

处理意外伤害

被海蜇（水母）蜇伤

沿海地区，夏季的海滨浴场海蜇伤人事件时有发生。海蜇是水母的一种，属于根口水母科，触手会蜇人，有毒。

海蜇致命主要是毒素导致的过敏性休克（与个人体质有关），其次是毒素的直接毒性。我们日常吃的海蜇是吃它的头部，无毒性。

(1) 表现

①局部症状

被海蜇蜇伤后,皮肤很容易出现红肿热痛、表皮坏死,局部有触电样的刺痛、麻木、瘙痒和烧灼感。一般经过4～6小时,就会出现线性红斑、水泡等症状,呈条索状、鞭痕状排列。

②全身中毒症状

如蜇伤面积较大或毒性较大,则可出现倦怠、肌肉痛及不安等感觉,呼吸困难、胸闷、口渴、出冷汗等症状。

③可致命征象(过敏性休克)

快速蔓延的荨麻疹症状、喉头肿胀、呼吸困难、神志改变、休克,甚至心脏骤停。

(2) 处理

①离开

迅速带孩子离开海蜇存在的区域,避免再次被蜇伤。

②去除触须

这时候海蜇触须仍在孩子蜇伤处,不要用手直接碰触须或蜇伤的部位,要用镊子、棍棒或戴上手套后去除。没有工具就找2～3个塑料袋套在手上,轻轻擦去黏附在皮肤上的触手或毒液。

③冲洗

去除后用海水或食醋浸泡或冲洗伤处15～30分钟。

④送医用药

处理伤口之后请立即去医院进一步治疗。另外可服用抗过敏药物

（氯雷他定、西替利嗪等）、止痛药(对乙酰氨基酚)，减轻过敏症状及局部疼痛。

👉 请注意

去除触须前绝对不要用淡水冲洗、不要用碱性液体冲洗、不要热敷或者冷敷、不要搓揉按摩、不要用毛巾擦拭，避免蜇伤处接触沙子，因为这些措施都可能刺激加速毒素释放。

下雨时海蜇会向海边靠近，所以雨后游泳更容易发生海蜇蜇伤。需注意的是，即使是海滩上已经死亡的海蜇的触手仍有毒性，要告诉孩子不能靠近。

海胆

海胆有毒性，但不是剧毒生物，被海胆刺伤后不要过于惊慌，应该立即停止潜水，返回水面。

①清洗伤口：用温热水浸泡伤口（避免烫伤）

②去除海胆刺：用镊子捏住表皮外刺突出的地方，缓缓地、仔细地往外拔。

③再次清洗：刺除干净后，立刻用肥皂清洁伤口，然后再用清水冲洗伤口。碘伏都可以代替肥皂，不刺激而且消毒效果好。

④如果伤者感到呼吸困难、恶心、胸痛，甚至出现感染症状（如伤口红肿、流脓），请立即寻求专业医生的治疗。

带刺鱼类

被带刺的鱼类蜇伤应立即返回水面，拔出刺后，用生理盐水、温水冲洗15分钟，然后去附近的医疗机构治疗。治疗上主要是止痛、防止继发感染，如果是被有毒鱼类刺伤则需要进行抗毒液治疗。

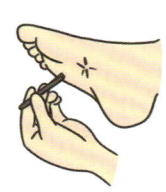

03 登山

小文5岁这年的国庆假期,我筹划了一次徒步登山旅行。目的地是贵州茂兰国家级自然保护区,位于贵州省黔南州荔波县。茂兰喀斯特森林自然保护区范围非常大,主要的旅行线路有5条,其中"金狮洞——九洞天——神仙洞——黑洞"这条登山线路让我们印象深刻。

因为山路比较原始,不太好走,下山有些陡峭,又耗体力,我们就请了当地向导带着登山。全程要穿过三个山洞,这些洞穴里面纯黑无光。

◎穿越山洞

向导给我们两个头灯用来过洞穴,戴上头灯瞬间就像是要去挖矿。我们自带的三个登山杖和一个手电筒也派上用场。向导说他带过最小的孩子就是小文同学了,全程自己走完,很棒!

登山是个体力活,翻山越岭,不走回头路,平时缺乏运动的小朋友或者年龄太小的孩子建议慎重选择这条路线。

出发前准备

包 选用舒适和轻便的背包，不会给肩部增加额外的负担，专业登山背包能使身体各处的压力保持平衡。只带需要用的物品，尽可能减少负重，一般情况下成人的背包负重不要超过体重的四分之一，孩子的背包重量不要超过自身体重的10%。

鞋 鞋子要足够结实，才能保护双脚。专业的登山徒步鞋可以充分包裹脚踝，避免脚踝受伤。但登山鞋一般比较硬，出发前一定要先磨合好。

杖 登山杖作为登山的辅助性器材，能提高步行的稳定性，选择轻便又坚固的折叠或伸缩式登山杖，遇到野生动物还可以用于自我防卫。

表 安排好时间，登山的时候最好戴上手表，对时间能有一个清晰的概念，知道自己还有多少路程要走，避免走夜路。

◎登山

开始登山了

准备运动

开始爬山之前应做好充分的拉伸准备活动,让关节、肌肉、韧带等得到良好的预热。登山动作对膝盖的压力较大,可以揉搓膝盖下边缘,促进关节润滑液的分泌,减少登山对膝盖的损伤。

步伐节奏

登山容易疲劳的原因主要是山路崎岖,不好控制步伐节奏,稍平坦时走得快些,陡峭时爬得慢些,没有规律性。如果是长时间走路,要调整好步伐,不要慌忙。

补充水分

登山体力消耗大,出汗比较多,要注意补充水分,可以选择含有适当糖类及电解质的饮料,以尽快减轻疲劳感,恢复体力。

保护膝盖

　　膝盖是人体比较薄弱的关节,在登山中最容易受到伤害,特别是下山大步猛冲对膝盖伤害很大,而膝伤往往出乎意外,有些还是不可逆的,因此膝盖的保护应该引起重视。下山的时候最好穿上护膝。

正确的下山方法

重心稳

重心偏后并稍降低,前脚站好才把重心移过去,永远要有一只脚支撑在地面上。

迂回前进

在陡坡行走时,最好走"之"字形路线,这样可减低坡度。

小步慢走

下山不要跳,步伐要小,速度要慢,更不能奔跑。

注意地形

一些很原始又充满探险意味的路线,如果没有向导,仅靠自己走容易迷路,带小朋友更要特别注意,安全第一。在没有向导的情况下,要随时注意经过的地方,如河、湖、岩壁、形状比较有特点的山头等明显的自然标志。这样一旦迷路也可以根据这些标志找回来时的路。

处理意外伤害

登山路面很粗糙，森林中枝干横穿，容易出现皮肤擦伤、割伤，当出现这些情况时要立刻处理伤口。

擦伤

擦伤后可见表皮破损，创面呈苍白色，可见小出血点和组织液渗出。由于皮肤含有丰富的神经末梢，小朋友擦伤后会感觉十分疼痛。

止血
- 伤口出现局部渗血时，首先是止血——洗净双手后，用无菌纱布紧按伤口 10 分钟左右。

冲洗
- 对沾满杂质的伤口进行清理。
- 用生理盐水（或干净清水）冲洗伤口。

消毒
- 使用棉签蘸碘伏（或碘伏棉签）进行伤口消毒处理。

包扎
- 贴上透气的敷贴（或创可贴）避免伤口再接触其他污物。

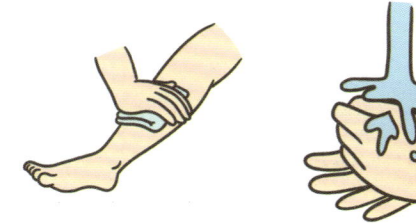

 请注意

①消毒的时候孩子会因为药水刺激更加哭闹，此刻不能心软，应眼疾手快地做好消毒处理，消毒是避免感染的重要步骤。

②如果伤口稍有红肿，怀疑会感染的，可在伤口处涂抹红霉素软膏或莫匹罗星软膏。

③如果孩子出现特别严重的擦伤，比如擦伤的伤口较深、伤口处的污物无法去除、出血呈喷射状、按压伤口无法止血等情况需及时就医。

> 割伤

小朋友被割破手指是常见的外伤，一般是被刀、玻璃等割或者划破，在野外容易被树枝、花刺、岩石割伤。割伤如果处理不当，容易引发感染、破伤风等，严重者会发生败血症。

自行处理

- 割伤后先确定伤口的深浅，假如伤口很浅、出血不多，可自行处理。
- 按照擦伤的治疗方法，先止血消毒，再进行包扎，并注意预防感染。

就医处理

- 以下情况需要及时送医：
  ①割伤很深，特别在关节处；
  ②伤口不清洁、掺杂有异物，家长无法把伤口清理干净；
  ③伤口三天内没有愈合的迹象，或者出现了比如红肿、化脓或持续疼痛等感染的症状；
  ④孩子还没注射过破伤风疫苗，或者距离上次注射已经十年以上。

请注意

①注意在送医之前可自行初步处理伤口，用生理盐水或清水冲洗，用干净的纱布或毛巾等加压止血。

②如果孩子出现伤口流血很严重，血液甚至呈喷射状涌出，或者加压止血10分钟后仍然血流不止，甚至出现休克征兆，家长不要犹豫，应立即送医院紧急止血缝合处理。

③送医路上尽量要让孩子受伤区域高过心脏的位置，这样可以在一定程度上减少血液的流出。

医学小贴士

Q: 割伤后要不要接种破伤风疫苗？

接种破伤风疫苗产生的抗体可以维持10余年的时间，在产生抗体之后，如果是比较小的伤口，无须再接种破伤风抗毒素，这种情况下很少会发生破伤风。

儿童期接种的百白破疫苗就可以起到预防破伤风的作用，但不是维持终身的免疫。如果伤口比较大，尤其是伤口受污染，仍需要及时接种破伤风抗毒素。

破伤风抗毒素能够消灭进入人体的破伤风杆菌，但是不能产生抗体，每次受伤都需要再次注射。

04 徒步

亲子徒步旅行越来越热门。徒步可以让孩子多接触自然，培养孩子的吃苦精神和团队精神，磨炼孩子的意志，还有可能获得意外惊喜的自然教育。

出发前准备

选择徒步路线

在路线长短的选择上，取决于孩子的身体素质和体能，因人而异，个体间的差别较大。

一般来说，4～10岁的孩子可以走周末短线、国内中线，路程在15千米内，时间长度不超过4小时。10岁以上的孩子耐力强很多，可以选择国内长线、国际长线，但要避免连续多日的徒步和超强度的负重（背包）给孩子造成疲惫。

在出发前应把出行信息告知家人或朋友。

带上食物和饮用水

由于孩子的体质特点，在户外徒步时体能消耗比较快，我们要准备足够的食物和饮用水以备不时之需。

在徒步过程中，准备一些能够提供能量的便携食品，比如能量棒。饮用水加入少许盐，可以帮助孩子补充流失的体液电解质。饮水要遵循少量多次原则。同时要多准备些水果及不同种类的食物，在途中休息的时候食用，可以很大程度安抚孩子，缓解疲劳。

一双好鞋子

一双好的徒步鞋能够保护孩子的脚部，提供良好的支撑性，减少脚部受伤、磨出水泡的风险，让孩子能够从容地享受徒步的乐趣。

参与徒步户外团队

参加户外徒步,最好组团或者由专业领队带领。事先考察户外徒步组织者是否接受过专业的野外训练,以及对团队把控方面的能力和相关的培训。带儿童徒步,户外领队与队员配比应该控制在1∶6至1∶8。

循序渐进

徒步是一项需要循序渐进的运动,平时要有目的性地加强适应性训练。

不要在第一次徒步就选择难度较大又枯燥的线路。

运动对孩子的生长发育非常有好处,但不同年龄的孩子生长发育水平存在差异。如果盲目进行超越正常体能的活动,有可能造成儿童生理及心理上的伤害。正处于生长发育年龄的孩子,关节中的软骨还没有完全长成,如果长时间过度磨损,也会造成膝关节、髋关节的损伤。

超前运动看似培养了孩子的勇气及吃苦耐劳的韧性,但是孩子由此产生的恐惧和畏难心理,反而对孩子的身心健康成长不利。真正有目的性的耐力锻炼可在14岁之后再进行。对于低龄孩子,应选择风景优美、趣味性高并且难度不大的路线。

开始徒步

早晨开启行程

带孩子去户外徒步时,尽量从早晨开始,这样可以避免高强度的紫外线及烈日的照射。在夏季徒步过程中,烈日下进行户外运动会使孩子们大量出汗,身体能量快速衰减。在一天温度最高的时候,最好找个阴凉处和孩子稍作休息,适当进食补充能量。

遵循两个原则

(1) 合理休息原则

徒步行走50分钟要休息10分钟。

(2) 有氧运动原则

徒步行进中一定要保持有氧运动，不能气喘吁吁仍勉强行进。在上坡起步时放慢脚步，吸一口气，踏一步，接着吐一口气，再踏出一步，如此反复。下坡注意事项见前文"登山"篇章。

遇险自救

亲子徒步旅行应避免到泥石流多发山区。沿山谷徒步时，一旦遭遇大雨，要迅速转移到安全的高地，不要在谷底过多停留。发现泥石流后，要马上向与泥石流成垂直方向的两边山坡上面跑，绝对不能沿着泥石流沟谷下游方向走。

雪地徒步

冬季在雪地徒步消耗体力更大，在设计路线的时候必须考虑距离和体力因素，不要设计太长的路线。出发前获取可靠的天气预报，对气候和落日时间要有所了解。

冬季在户外面临的最大危险来自徒步和露营中的低温。冻伤和失温是最常见的伤害，而且失温往往出现得很快。休息时，不要坐在雪地上和风口处，出汗时可稍松衣领，不要脱衣摘帽，以防伤风受寒。手、脸长期暴露在外，或者长时间接触冰雪后会被冻伤，需谨慎。

> 享受徒步的乐趣

(1) 把关注点从"徒步"上移开

父母带孩子去户外徒步时,不要把徒步当作一个任务,不要专注于"徒步"本身,而是带着孩子去体验这个过程。在大自然的环境中,孩子可以通过任何周边事物学到有趣有用的知识,比如可以在徒步过程中教孩子辨别不同的植物,了解山地的形成,辨别方向途径,等等,这些知识是孩子在课堂上不会有的。利用徒步过程中的大自然课堂,给孩子上一节妙趣横生的户外课。

(2) 教导孩子学会尊重

在户外活动的过程中引导孩子学会"尊重"的含义。首先我们教孩子尊重大自然环境,包含大自然中的植物、动物、环境、土地,做到不破坏树木,不留下垃圾。其次我们要尊重遇到的人,教导孩子和其他路人打招呼。

处理意外伤害

徒步行走中可能会出现踝关节扭伤,长时间徒步活动后常发生脚起水泡的情况。

> 踝关节扭伤

我们经常说的"崴脚"就是"踝关节扭伤",是踝关节周围韧带受外力后的损伤,以外侧韧带损伤最常见。踝关节扭伤后会出现扭伤部位疼痛和肿胀,随后出现皮肤瘀斑,甚至因为疼痛肿胀而足部动弹不得。

(1) 先判断是否伤到骨头

如果孩子根本无法行走,甚至不能动弹,患处特别疼痛,可能是骨裂、骨折。需要送到医院骨科做进一步检查治疗。如果足部还能自行活动，只是出现局部肿胀、肿痛等现象，可能是韧带或者软骨的损伤。此时孩子可能出现哭闹不安，很难配合家长初步的检查，那么可以进入下面操作。

(2) 冰敷

冰敷可以使得血管收缩，减少出血，缓解疼痛，抑制肿胀。家里冰箱要常备冰袋，出门在外可到便利店买冰棒，拿一条汗巾或毛巾包住冰袋或冰棒敷于患处。敷一会要观察一下周围皮肤有没有发紫，以免冻伤，敷10~15分钟。24小时后方可改为热敷以改善局部组织血液循环。

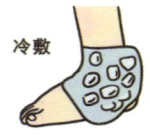
冷敷

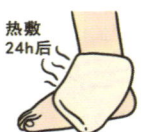
热敷 24h后

经过冰敷后，孩子的肿痛多数能得到缓解，这时再让孩子试一下脚能不能动。如果冰敷休息后疼痛无好转，或者受伤部位变成紫青色、麻木没有知觉或是有刺痛感，那么，骨折、骨裂的概率比较大。最好用夹板或就近找木棍固定受伤的踝关节，维持踝关节在背伸90°位，并尽快去医院就诊。

(3) 休息

冰敷之后，要限制孩子走动，最好是静坐或平躺休息。不要让受伤的脚再次用力，活动会使瘀血增多、脚肿得更厉害，加重扭伤。确认无骨折等严重情况后，在孩子休息或睡觉时，可以在脚下垫个枕头来抬高受伤的脚踝，减轻充血状态，缓解肿胀。

好动的小朋友可以在医生的建议下，使用弹性绷带对扭伤部位进行包扎、固定，减轻肿胀。

医学小贴士

Q: 崴脚后能不能马上揉一揉？

崴脚时，大多数人的第一反应就是立刻坐下来揉一揉。殊不知，这样做可能会使病情越来越重。因为崴脚后，局部的小血管会破裂出血，与渗出的组织液混合形成血肿，一般要经过24小时左右才能恢复。

如果受伤后立即使劲揉搓、热敷或强迫活动，会在揉散一部分淤血的同时加速出血和渗液，加重血管破裂，以致形成更大的血肿，使受伤部位肿上加肿，痛上加痛。

足底水泡

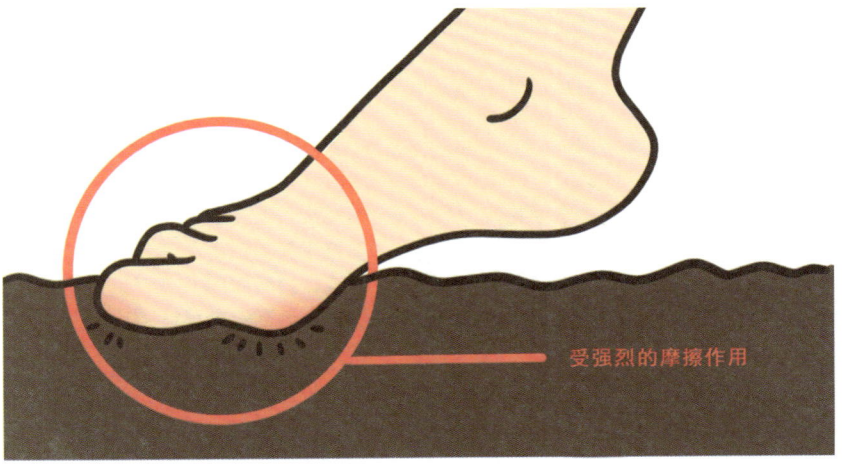

足部局部组织长时间经受强烈摩擦导致组织细胞破损、组织液外渗，进而形成水泡。

(1) 小水泡

如果水泡小于半个指甲盖，只需要用胶布、创可贴等覆盖水泡，防止其被继续摩擦损伤，过段时间便会恢复正常。

(2) 大水泡

如果水泡大于半个指甲盖，需要将其刺破，放出其中的体液。

①清洗患处——用清水彻底洗净患处，冲掉泥沙汗液，再用碘伏或酒精消毒患处。

②排出积液——采用灭菌的针尖把水泡挑破，然后用棉棒挤压出水泡内的液体。

③消毒包扎——用碘伏或酒精消毒伤口。之后保持伤口干燥，不要再沾水。旅途如果需要继续行走的话最好包扎伤口，可以起到缓解疼痛、减少感染、加快愈合的作用。每天用碘伏或酒精消毒伤口，等结痂脱落就好了。

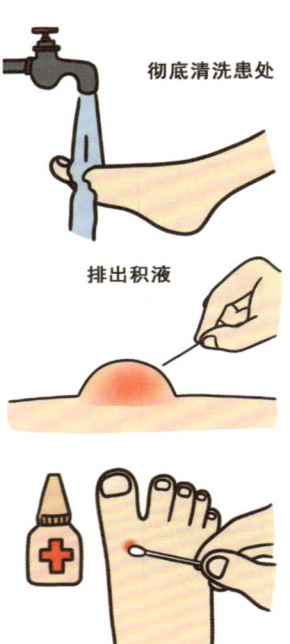

彻底清洗患处

排出积液

👉 请注意

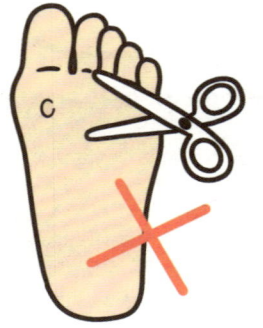

最好不要剪掉水泡表皮，短时间内不要进行剧烈运动。

05 草原

草原旅游是最近几年暑假亲子游的大热门。中国地大物博，不仅内蒙古有草原，新疆、西藏、青海等地也都有大片草原。

内蒙古

呼伦贝尔是世界著名的天然牧场，世界四大草原之一，被称为"世界上最好的草原"，位于内蒙古自治区东北部，大兴安岭以西，因呼伦湖、贝尔湖而得名，总面积约为10万平方千米。

新疆

伊犁草原位于新疆维吾尔自治区西北部，别名塞外江南、苹果之乡、天马故乡。

西藏

羌塘大草原占西藏自治区面积的三分之二，平均海拔4500米以上，是由一系列浑圆而平坦的荒漠和湖泊组成，人烟稀少，有大片的地区为无人区。

小文同学的草原之旅是前往内蒙古自治区辉腾锡勒草原。作为亚洲最大的"风电之都"，有上千台风力发电车矗立在草原中，相当壮观。我们自驾游草原，入住蒙古包，游历黄花沟，带孩子体验"天苍苍，野茫茫，风吹草低见牛羊"，美好的景观一览无遗。

◎内蒙古草原

165

出发前准备

带着孩子去草原旅游备齐衣物和装备。

衣服

厚衣物、速干裤、披肩围巾、内衣袜子、手套、帽子、太阳镜、运动鞋、防水鞋套。

草原昼夜温差大，即使夏天到草原旅行也要查好当地的温度，必要时带上羽绒服，至少要带一件厚的冲锋衣。下雨或者早晚可以给孩子穿上薄秋裤。雨后草原湿漉漉的草混杂着泥土，容易溅到裤子上，应穿上防水鞋套，可防水防泥以及保暖。

驱蚊

夏季7月份以后草原上蚊子较多，注意做好防蚊措施，喷上驱蚊水，穿着运动鞋，不要穿凉鞋，以免蚊虫叮咬。

防晒

草原一旦放晴，紫外线较强，请备好防晒用品（如墨镜、太阳伞、高倍防晒霜、润肤霜、润唇膏等），一定要注意保护好眼睛、面部以及颈后皮肤。

现金

草原上的银行比较少，建议在市区取好现金。现在大部分饭店或者景点都可以使用微信等移动支付，所以不需要准备太多的现金。

草原游玩

饮食

草原天气干燥，大人、小孩都要多喝水和多食水果以防上火。同时内蒙古等地水含碱量高，水质较硬，不要喝生水，最好给孩子喝瓶装水。不要随意购买路边小摊小贩的食物。

适量饮用奶茶、奶制品等可增强对草原气候的适应能力。如吃不惯羊肉，去草原时可准备一些自己喜欢的干粮。

> 活动

草原一望无边广阔无际，开车、骑马要在指定范围内活动，以免迷失方向和破坏草场。草原深处信号较差，手机地图卫星信号弱，一定要有当地人陪同。尽量不要晚间活动，以免迷路。

在草原上遇见畜群，汽车与行人要绕道走，不要从畜群中穿过。不要进入有围蔽的私人牧场，以免因破坏牧场受到罚款。

> 风土人情

草原上的民族——蒙古族十分注重礼节，也有一些禁忌，到内蒙古草原旅游一定要详细了解蒙古族的礼仪和禁忌。

(1) 入座

进蒙古包要从火炉左侧走，坐在蒙古包的西侧和北侧，东侧是主人起居处，尽量不坐；进包后可席地而坐，不必脱鞋，不要坐在门槛上；如主人家有老人，不能从其前面走过，未经允许不要与老人并排

而坐，入座时不要挡住北面墙面上挂着的佛像。

(2) 敬茶

主人首先会给宾客敬上一碗奶茶。宾客要微欠起身用双手或右手去接，千万不要用左手去接，否则会被认为是不懂礼节。

(3) 敬酒

主人敬酒时，宾客应随即接住酒，接酒后用无名指蘸酒向天、地、火炉方向点一下，以示敬奉天、地、火神。不会喝酒也要沾唇示意，表示接受了主人纯洁的情谊。

(4) 哈达

哈达是蒙古族日常行礼中不可缺少的物品，而献哈达是蒙古族牧民迎送客人和日常交往中使用的礼节。

献哈达时，主人张开双手捧着哈达，吟唱吉祥如意的祝词或赞词，渲染敬重的气氛，同时将哈达的折叠口向着接受哈达的宾客。宾客要站起身面向献哈达者，微向前躬身接受哈达，让献哈达者将哈达挂于宾客颈上。宾客应双手合于胸前，向献哈达者表示谢意。

防止意外伤害

骑马漫游草原时，在选择马匹和骑乘中要听从工作人员的安排指挥，注意以下事项，以免发生意外。

骑马

(1) 走向马匹

从马旁边经过时，要从马头前面走，不要从马屁股后面走，以防被踢伤。

(2) 上马

上马时从马的左侧上马，左脚蹬马镫、右脚跨上马。

(3) 行进

上马后坐稳在马鞍上，用双脚前脚掌蹬住马镫子并脚尖内扣夹紧马肚子，腰挺直，双手拉住缰绳。准备好后用双脚脚跟轻磕马肚子，使马行走起来。

◎草原骑马

(4) 指挥与控制

如果要让马左转即用左手往左边轻拉缰绳，右转就用右手往右边轻拉缰绳。如要马站住，就双手同时向后轻拉缰绳，但注意不要突然使劲向后拉以防止马突然站立起来将人摔伤。

(5) 下马

下马时要等马停稳后，左脚踩住马镫，右脚迈下马，同样要在左侧下马。一定注意不要从右侧下马，以防止马由于不习惯而将人踢伤；离开马时也要从马头前面走。

(6) 要求

一般的马术俱乐部允许3岁以上的孩子骑马，但一定要穿好专门的护具，选性情比较温顺的小马，由大人陪同乘坐。

坠马现场急救

(1) 首先评估伤情

如果可以站立起身，说明受伤不严重，护送坠马者到安全地带，并到医院进一步检查内伤和外伤情况。

如果坠马者动弹不得，可能损伤到脊椎，千万不要随意搬动，应马上呼救寻求帮助，打120。

👍 必要时三人用手同时平托，将伤员移至安全地带，切记不要让患者的颈部活动，等待医护人员的到来。

(2) 有出血外伤要马上止血

可以用干净的手帕或其他物品直接压住伤口，尽量抬高受伤的肢体。

分别托头颈、肩背、腰臀、下肢

06 沙漠

我国沙漠分布范围广，风沙地貌类型多样，有广袤的沙漠风光和绵延无际的视野，有神秘的沙漠遗址和神奇的沙漠奇观。小学课本上也有很多关于沙漠的古诗，例如"黄沙百战穿金甲，不破楼兰终不还"和"大漠孤烟直，长河落日圆"等，无不让孩子对沙漠充满向往。

> 小文同学5岁时，我们来到库布齐沙漠的响沙湾，开启沙漠之旅。库布齐沙漠是中国第七大沙漠，库布齐沙漠的响沙湾景区"响沙"现象闻名遐迩，干燥的条件下，沙子只要受到外界触动就会发出一种像飞机掠顶而过的"嗡嗡嗡"的轰鸣声，因此得名。
>
> 小文跟着向导徒步沙漠，从80米高斜坡滑沙而下，体验"会唱歌的沙子"的奇妙和乐趣。
>
> 响沙湾景区中有很多游乐项目，比如沙漠摩托车、越野车。还有度假村可提供舒适住宿、一日三餐，带娃旅行非常方便省心。

已开发的沙漠景区多数开发力度大、档次高，是成熟的度假景区，非常适合亲子旅行。孩子大一些还可以徒步沙漠，来一场沙漠星空露营。

出发前准备

冲锋衣

沙漠中风沙较大，平常的衣服没法抵挡风沙，冲锋衣和冲锋裤的特殊材质可以很好地抵挡风沙。沙漠的昼夜温差大，白天紫外线强，阳光会灼伤皮肤，一到夜间，温度迅速降低并往往伴随大风，冲锋衣内部有保暖材质，可以抵御夜间的寒冷。

速干衣裤

贴身的衣物最好选择速干型的。深入沙漠腹地可能需要几日行程，途中身体出汗而无法洗浴更换衣物，速干型内衣可以在短时间内干透，整个路途的清爽舒适可增加旅行的愉悦感。

太阳镜、帽子

沙漠中除了帐篷和营地，很少有能够遮阴的地方，尤其中午和下午太阳强烈的时候，刺眼的阳光会照得人眼睛都睁不开，容易出现眩晕，所以一定要戴上太阳镜和带帽檐的帽子，而且沙漠风沙大，戴上眼镜可以阻挡沙子进入到眼中。

◎库布齐沙漠

防晒霜、冲锋巾（头巾）、徒步背包

进沙漠之前，一定要备好高倍数的防晒霜。带着孩子一同徒步沙漠，给孩子的防晒工作要做得更到位，因为孩子的皮肤娇嫩，没有足够的防晒措施就很容易晒伤。

冲锋巾的用途十分广泛。从实用性来说，冲锋巾可以遮挡脸部，防紫外线，加强防晒效果；风沙大的时候，可以用冲锋巾挡住口鼻，抵御风沙。

徒步背包可以把零碎的东西装进去，还可以解放双手，节省体力。到沙漠营地露营，最好准备两个背包，一个用来托运装备，一个用来徒步过程中背负物品。

登山靴、鞋套、登山杖

在沙漠中行走会把沙子带到鞋里边，细软的沙丘，还会出现脚"陷进去"的状况，鞋套可以有效防止沙子进入鞋里边。

在沙漠多变的地形下，登山靴抓地有力，可以保证脚踝、脚跟、脚趾获得有效支撑力，是沙漠徒步的必要装备。值得注意的是穿着新鞋前要磨合一段时间，保证舒适度。

登山杖还可以帮助节省体力，在爬沙丘的时候帮助缓解膝盖的压力和疼痛感，助力后续的路程。

睡袋

沙漠中昼夜温差非常大，秋冬徒步沙漠，一定要做好保暖措施。在沙漠里过夜要带足衣服和睡袋。睡袋可以起到保暖防寒的功效，携带起来也非常方便。

水、水杯、食物

水在沙漠中的重要性尽人皆知，一定要带足淡盐水或功能饮料（运动饮料），及时补水、补充电解质。

👉 请注意

在沙漠中天气炎热干燥，人体水分会大量蒸发，体内的钠盐等电解质也会丢失，如果一直大量饮用淡水而不补充盐分的话容易引起水中毒。

在沙漠中，食物极易腐败。为确保沙漠旅行或探险的顺利结束，建议携带的食物以真空包装肉类熟食为主，同时可适量携带巧克力补充体力。

相机、移动电源、防沙袋

沙漠中细沙很容易跑到手机和相机这些精密的电子产品中，摄影爱好者的摄影器材尤其要注意防沙，以免损坏机器设备。可以携带相机防沙袋、手机密封袋，保护好自己的设备。移动电源可及时给手机、相机充电。

沙漠旅行注意事项

保障安全

如果亲子游选择在沙漠景区里游玩，自由行是没有问题的，但是带孩子进沙漠腹地就一定要有最专业和放心的团队来做安全服务保障。

野外沙漠探险和穿越，出行前一定要做好攻略，需要更加齐全的准备，全副武装，要跟着专业的团队出发。千万不要一个人离开团队，以免迷路。

只依靠地图和双眼在浩瀚沙海中进行长距离沙漠行程是非常困难的，手机导航也可能没有信号。使用户外专业GPS和指南针可以保证沙漠探险和穿越的顺利进行。

夏季正午沙漠表面温度过高，容易中暑及晒伤皮肤，这个时候不宜徒步。进入沙漠后，就要开始喝水，就算感觉不渴，也要小口小口地喝，以防止脱水。

骑骆驼

在沙漠中，骆驼是一头一头用绳子连在一起的，通常6～12只骆驼为一群。排成一队走在沙漠中的骆驼是一道美丽的风景线。我们在沙漠中骑骆驼要注意以下几点。

◎沙漠骆驼队

(1) 坐好扶稳

骆驼起身时，通常先是两条前腿弓起，紧接着蹬起后腿，最后才完全起身。在这个过程中你会感觉到前俯后仰，所以一定要配合抓好扶手。走在沙坡上，上坡时，要告诉孩子身体向前仰，下坡时身体向后仰，不要颠倒顺序，这样可以防止从骆驼身上坠落。

(2) 不要大喊大叫

虽然骆驼是一种很温顺的动物，但是大喊大叫可能会吓着骆驼，认为你对它有攻击性，它也会对你表现出不友好。

(3) 保管好物品

骆驼在沙漠中行走，难免发生颠簸，随身物品一定要妥善保管，背包拉上拉链，系好纽扣，以防止贵重物品散落在沙漠中。

(4) 拍照不要用闪光灯

不要长时间地对着骆驼用手机拍照，特别注意不要开闪光灯，这样也有可能会使骆驼受到惊吓。最好不背红色包，因骆驼对红色敏感，以防发狂。

(5) 不要害怕小动作

在行走的过程中，骆驼有可能会打喷嚏，吐口水，前面的骆驼也可能会放屁。这些情况跟孩子解释一下，是正常现象不用害怕。

沙漠游乐项目

(1) 冲浪

乘坐沙漠越野车冲浪时，应系好安全带，双手握紧车内扶手，将帽子、太阳镜戴好，以免被风吹掉。

(2) 滑沙

滑沙过程中要听从工作人员指引，不要做高危动作。

向亲友告知行程

去沙漠旅行，一定要告知亲属或者朋友具体的行程，告知旅行的地点、时间和大致回来的时间，如果遇到突发事件，他们可以通过这些信息联系到你们或者及时找人寻求帮助。

处理意外伤害

晒伤

沙漠的昼夜温差较大，白天紫外线很强。暴晒之下，孩子不仅容易中暑，而且因为他们的皮肤娇嫩，在烈日下容易晒伤。晒伤的皮肤会出现红斑，颜色鲜红，局部皮肤有烧灼感、刺痛感，抚摸皮肤有明显的触痛。这样会给孩子带来极大的不适感，所以家长要防患于未然，做好防晒措施。

(1) 晒伤后护理方法

①冷敷：将纱布或小毛巾沾冷水在孩子脸部晒伤部位敷10分钟，这样做能迅速补充表皮流失的水分。

②浸泡：用冷水冰一下身体晒伤处，以减轻灼热感，或是将身体浸泡于常温清水中，起到让皮肤镇静、舒缓的作用。

③保护：在室内时，要脱下宝宝衣服，让晒伤部位透透气；在户外则要遮住晒伤部位。晒伤后的48小时之内尽量不要再到太阳下。

④保湿：使用滋润皮肤的保湿凝胶、晒后修复霜，以帮助修复皮肤屏障。

⑤用药：孩子晒伤之后瘙痒疼痛难忍，可在医生指导下使用抗组胺类药物以及止痛类药物进行治疗。

⑥送医：如果皮肤上长出水泡，或者出现发热、恶心、头晕、呕吐等症状，应该尽快到医院诊治。

⑦脱皮：在灼伤部位完全恢复之前，必须细心地治疗，并随时注意孩子体温的变化。开始进入脱皮期时，避免孩子去撕扯表皮。

(2) 晒伤后处理小技巧

①用西瓜皮敷肌肤

西瓜皮含有维生素C，把西瓜皮用刀刮成薄片，敷在晒伤的胳膊上，西瓜皮的汁液就会被缺水的皮肤所吸收，有助于减轻皮肤的晒伤症状。

②用茶水治晒伤

茶叶里的鞣酸具有很好的促进收敛作用，能减少组织肿胀，用棉球蘸茶水轻轻拍被晒红处，可以安抚皮肤，减轻灼痛感。

③冰牛奶湿敷

被晒伤的红斑处如果有明显水肿，可以用冰牛奶敷，每隔2～3小时湿敷20分钟，能起到明显的缓解作用。

眼睛进沙子

在沙漠中，经常会有小沙粒随风吹进孩子的眼睛。当异物进入眼睛以后，眼睛受到异物的刺激会分泌大量的眼泪，这时候睁开眼睛眨眼几下，大量的眼泪会把异物冲出来。没有冲出来就要尽快把异物取出来。

(1) 眼泪

用手轻提上眼皮，异物就可随大量眼泪流出来。一次不行，可以重复再做。

(2) 凉开水加棉签沾

如果靠眼泪冲不出来，异物可能在上眼皮靠内的位置，可以轻轻把上眼皮翻过来，用蘸了凉开水的湿棉签轻轻地把沙子沾出来。

(3) 凉开水冲洗

还可以准备一碗干净的凉开水（煮沸过的水放到常温），将孩子的头部朝有异物的一边倾斜，如左眼进异物则向左面倾斜，然后慢慢用凉开水给宝宝冲洗眼睛。

如果经过处理后，孩子眼睛仍感觉不适，可能对眼睛已有伤害，要尽快去正规医院的眼科找医生处理。

07 露营

露营是一种短时间的户外生活方式，休闲露营是指露营者徒步或者驾驶车辆到达山谷、湖畔、海边等露营地点，进行烧烤、野炊、生篝火、野外过夜等露营活动。

露营可以让孩子融入大自然，在森林里、沙滩上尽情地撒欢，还能提高孩子的动手能力，学会照顾自己。父母带着孩子或者让几个孩子一起琢磨怎么搭起一个帐篷，锻炼孩子们的动手及动脑的能力，也可以让孩子自己尝试着准备一顿野餐，感受烹饪劳动中的乐趣。

还有一种方式是房车露营，房车内生活设备齐全，这样的露营方式更为舒适。小一点的孩子想体验露营，可以白天带到郊区公园露营，这种体验安全且不劳累。

准备露营物品

帐篷

帐篷是露营必备物品，也有些营地、景区可以提供露营设备。徒步露营可以选择轻便的帐篷，如果乘坐交通工具去营地的就不必担心重量问题。要选择面料比较厚的帐篷，类似山区、草原地区即使夏天晚上也很冷，厚帐篷可以遮风保暖。

一家三口使用的话，携带的帐篷要大一些，地钉越长帐篷越牢固。10岁以上的孩子可以单独住一个帐篷。蚊虫较多的地区，要准备具有内帐的帐篷，可以有效防蚊虫。

睡袋

露营过夜应该带上睡袋。可根据出行的季节、天气预报的温度来对睡袋的薄厚做出选择。睡袋有大小之别,购买的时候应该自己钻进去感觉一下是否合用。孩子平时在家用的睡袋也可以在露营中使用。

煮食用品

可以带野炊炉,生火用的炭精,炊具,方便收纳的不锈钢锅、碗、筷和杯子,清洁用品等。还需齐备按人数分配的正餐食物、烧烤食材、饮用水。夏天带生食出行时,需要带上装着冰袋的可以保温的袋子或箱子,有条件的话建议使用车载冰箱,避免因天气炎热导致食物变质。

其他用品

根据需要选择,如干粮(巧克力、罐头、干果等)、衣服(适应季节的要求之外,还要带一点额外的衣服以防气温突降)、急救药包(绷带、云南白药、百多邦软膏、纱布、创可贴、常用药物等)、瑞士军刀、地图和指南针、太阳镜、卫生纸、电筒、绳子、塑料袋、水壶、雨衣以及可以休息的吊床等。

可淋浴的露营地要带沐浴露、洗衣粉。另外需要带驱蚊剂,对外露的皮肤应涂搽驱蚊剂,选用含有避蚊胺(即DEET)成分的手环等。

在户外时,应穿长袖衫和长裤保护手脚,特别是脚踝,以防被锋利的草叶割伤及防止蚊虫叮咬。户外夜间漆黑一片,有些小朋友不敢到帐篷外上厕所,可以提前准备好简便的尿壶。

开始露营

搭帐篷

露营搭帐篷的地点应该选择平整地面。

以下为理想的地点。

(1) 高地

可以防风防雨,山洪淹不着的较高处,且不易受到落石或雪崩的威胁。

(2) 靠近水源之地

扎营休息必须选择靠近水源地,如选择靠近溪流、湖潭、河流边。但是不能将营地扎在河滩上或是溪流边,一旦下暴雨,河滩涨潮会把帐篷冲走。

(3) 靠近村庄或居民区

营地靠近村庄或者居民区,万一有急事可以向村民求救,医疗资源也有保障。

(4) 选择背风背阴地

在野外扎营应当考虑背风问题,最好选择背风的地方扎营。夏季太阳过于猛烈,可以选择背阴的地方扎营,不会太热太闷。

(5) 避开蛇鼠出没之地

不要扎营在多蛇多鼠地带。在营地周围遍撒些草木灰、硫磺粉,有效地防止蛇、蝎、毒虫的侵扰。离开时要关好帐篷门,以免蚊虫入侵。

(6) 避开雨季易遭雷击之地

在雨季或多雷电区,营地绝不能扎在高地上、高树下或比较孤立的平地上,容易遭雷击。

👉 总结

近水近村、背风背阴、防雷防虫。

烹饪

自然界里的水都应该经过处理并煮沸后才能饮用，短时间的露营可以自带饮用水。就餐区应紧挨用火区，以便烧饭做菜及就餐，这个区域要与帐篷区有一定的距离，以防火星被风吹起而烧着帐篷。烧饭的地方最好选择有土坎、石坎的地方，以便挖灶建灶，拾来的柴火应当堆放在活动区外或上风口处。

活动

可根据人数提前安排活动内容，给孩子留下一个欢乐的露营回忆。

（1）亲近大自然

认识动物和植物、钓鱼、夜观星空等。

（2）设计夜间活动

篝火晚会、才艺展示、户外K歌、放烟花等。

（3）亲子游戏

抢凳子、传吸管、运气球、二人三足等。

（4）设计海边活动

海滩露营可安排烧烤、海边观日出、海边观日落、游泳、沙滩排球、沙滩足球、放风筝、捉螃蟹等。

带孩子露营注意事项

查看天气

野外露营首先要考虑的是天气问题，在出发前必须先查看当地的天气预报，尽量避免选择雨天或者天气变化无常的季节。

给孩子设定一些边界

明确告诉孩子哪个范围内是可以安全玩耍的，超过了这个界限就可能有危险。培养孩子的安全意识，教会他们识别危险。如果在露营地附近有常春藤、橡树等有毒植物或者树下长着毒蘑菇，要带孩子去识别这些危险的东西，告知他们不能触碰和采摘。在森林露营时，经常会碰到蚂蚁丘和马蜂窝，扎营的时候要远离这些地方，告知孩子不要靠近。悬崖、陡峭的山坡、水潭等其他一些危机四伏的地方，家长也要重点强调。

帐篷内温暖灯光

野外露营夜间黑暗会让孩子感到孤独，甚至害怕。帐篷留一个小夜灯可消除孩子的恐惧心理，父母在此时应多加陪伴，不要留孩子单独在帐篷中。

把家中的舒适带到营地

如果孩子第一次参加露营，可以带上家中熟悉的小毯子、枕头、孩子用惯的睡袋、毛绒玩具等，让孩子在熟悉的物品陪伴下安然入睡。

安排好睡觉时间

按照孩子原来每晚固定的睡眠时间休息，不要打乱作息习惯。

注重环保

不乱扔垃圾，产生的垃圾自行带走，爱惜一草一木，培养孩子的环保习惯。

处理意外伤害

蛇咬伤

（1）救治方法

①包扎：用宽布条（或有弹性的绷带）绑扎在伤口上方约5厘米处，防止毒液扩散。包扎无须过紧，以能用力伸入一个手指为宜，使用活结进行打结。

②清洗伤口：用盐水、饮用水冲洗伤口。如果有条件的话可以使用双氧水清洗。

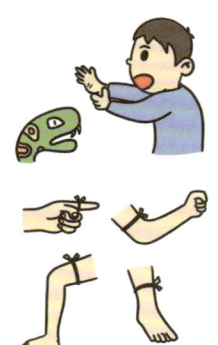

③送医：缓慢步行离开现场，尽快到医院就诊。在送院过程中，安抚孩子情绪，让孩子保持冷静，躁动会加速血液循环，使毒素播散更快。尽可能让孩子坐下或躺下，保持伤口低于心脏。

👉 **请注意**

采用交通工具运送，如果没有交通工具，最好由人背送医院治疗。

④抗蛇毒血清：抗蛇毒血清是用蛇毒少量多次注射进动物体内后，动物产生的抗体经提纯而成，内含高价抗蛇毒抗体，是毒蛇咬伤的首选特效药物。被毒蛇咬伤，需要有对应的抗蛇毒血清来治疗。抗蛇毒血清生产周期长，保存周期短，经济效益低，门槛却很高，这也是国内抗蛇毒血清价格高、不好买的主要原因。

应在毒蛇咬伤后24小时内（最好在6～8小时内）使用，治疗时间越早，效果越好。一般用单价抗蛇毒血清，一时不能辨别由何种毒蛇咬伤的话可用多价血清。

总结：在被毒蛇咬伤后，需要在2～4小时内乘车抵达有抗蛇毒血清的医院及时救治。关键是乘车，患儿不要步行或剧烈运动。

👉 **请注意**

不是所有大医院都有储备抗蛇毒血清，比如目前在广州，只有5家医院有抗蛇毒血清。在打120急救电话时，描述蛇的形状和颜色，有助于急救人员分辨蛇的种类，准确送去有相应抗蛇毒血清的医院救治。如自行前往医院，建议先在网络上搜索当地有抗蛇毒血清的医院，再前往。

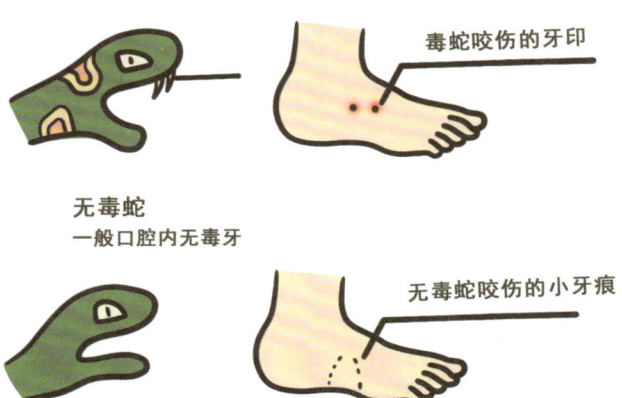

(2) 日常防护

①露营或外出游玩时,避免带孩子在草丛、土堆等蛇出没的场所坐卧,禁止用手伸入鼠洞和树洞内。

②在野外旅行时,尤其在夜间,最好穿长裤、长靴,持木棍或手杖,并携带照明工具,防止踩踏到蛇而招致咬伤。

③如果遇见毒蛇,在它未发起攻击时应迅速逃离,离开时不能跑直线,应沿"S"形路线跑,一直画着半圆弧地跑。

④蛇头即使已被切下,在一段时间内仍有咬伤人的可能,需要引起家长和孩子的警惕。

> **医学小贴士**
>
> **Q:** 影视作品和小说中常见的嘴吸蛇毒液、刀切蛇咬伤口，这些方法靠谱吗？
>
> 非专业的施救者用嘴吸毒液，可能会导致施救者中毒；用刀切开伤口，可能会使毒液沿着破裂的血管进入体内，导致毒素扩散加快。
>
> 还有些蛇毒破坏的是人体凝血功能的血小板，比如广东多见的五步蛇和原矛头蝮蛇的蛇毒。此时再切开伤口，会导致血流不止。所以这些"武林高手"的救治方案都是不可取的，且十分危险。

蜂蜇伤

被蜂群攻击时，建议不要试图逃跑或反击，以免导致蜂群更多的攻击，应就地蹲下，用衣物遮盖裸露部位，耐心等待蜂群攻击平息后再离开。

（1）救治方法

①中和毒素：孩子被蜜蜂蜇咬后，可以用肥皂水清洗孩子被蜇咬的部位。因为蜜蜂毒呈酸性，肥皂水是弱碱性，涂抹肥皂水可以中和蜂毒的酸性，以降低身体对蜂毒的不适感。

但是马蜂的蜂毒是呈碱性的，要用醋等酸性溶液来中和。

②拔出毒针：仔细观察被蜇部位有没有残留蜂针，蜜蜂蜇人时，常常将其毒刺遗弃在伤处，可用镊子拔出毒刺。修眉毛的镊子也可以消毒后

用来拔刺。

而黄蜂蜇人是不会有毒针留在人体内的，所以不需要拔刺。

③冰敷用药：用冰块敷在蜇咬处，可以减轻疼痛和肿胀。一般来说，蜜蜂的叮咬只会引起局部皮肤的不适。如果孩子感觉局部非常痒，可以服用抗过敏药。在简单处理之后，孩子的皮肤仍红肿明显的话就要去医院及时就诊了。

但极少数时候也可能导致严重的过敏反应，出现严重的红肿、皮疹、发热，甚至呼吸困难，若抢救不及时甚至会危及生命。

如果伤者意识丧失，且呼吸、心跳停止，应立即进行心肺复苏术，并拨打急救电话120（具体请参照第二章"08心脏骤停要及时抢救"）。

(2) 日常防护

①野外活动时建议全家人都穿浅色、质地光滑的衣服，长袖衫和长裤。

②尽量不要给孩子涂香水或使用带明显香味的沐浴产品。

③不要让孩子去接触开花的植物。

④教孩子识别蜂窝外形，千万不要去捅马蜂窝。

马蜂窝

08 高原

对高原的自然风光，多少赞美的词汇都不够。我们经常可以用"纯净"一词来定义高原：纯净的蓝色天空，纯净又清新的空气，纯净且清澈的湖水，纯净的白色雪山，纯净的碧绿草原。然而，也有人形容高原旅行是"眼睛的天堂，身体的地狱"。带孩子前往高原旅行，一定要做好前期准备。

我们祖国有四大高原，集中分布在地势第一、二级阶梯上。由于高度、位置、成因、气候和受外力侵蚀作用不同，高原的外貌特征各异。

高原名称	位置	特征
青藏高原	位于中国西部及西南部，包括西藏、青海的绝大部分与四川、新疆、云南、甘肃的一部分。位于昆仑—阿尔金山以南，祁连—横断山脉以西，喜马拉雅山脉以东、以北	①地势高，平均海拔达 4000 米以上，多雪山冰川 ②面积大，占全国面积的 1/4 ③高原上多大山，但相对高度较小
内蒙古高原	位于中国北部，包括内蒙古大部分与甘肃、宁夏、河北的一部分。西至河西走廊，东至大兴安岭，南接黄土高原（大致以长城为界），北至国界	①地势起伏和缓、山脉少 ②为中国第二大高原，平均海拔 1000 米 ③东部多草原，西部多戈壁、沙漠

(续上表)

高原名称	位置	特征
云贵高原	位于中国西南部，包括云南、贵州的大部分。位于横断山脉以东，雪峰山以西，四川盆地以南	①地势崎岖不平，海拔1000～2000米 ②多峡谷，多小型山间盆地 ③石灰岩分布广，多典型的喀斯特地形
黄土高原	位于中国中北部，包括山西的大部分与陕西、甘肃、宁夏的一部分。位于内蒙古高原以南（大致以长城为界），秦岭以北，太行山脉以西，乌鞘岭以东	①海拔1000～2000米，地表覆盖深厚的黄土 ②地表破碎，沟壑纵横 ③植被覆盖稀少，水土流失严重

出发前准备

计划行程

（1）在出发前对孩子的身体做全面评估

儿童处于生长发育期，对高原低氧环境十分敏感，缺氧后比成人更容易引发高原病。而且小朋友表达力欠佳，不能准确表达身体的反应，会影响大人对高原反应症状的判断。

每个人的机体对缺氧的耐受程度不同。一般来说，在川藏地区和九寨沟等海拔相对低些的风景区，在做好充分准备后，可以带上孩子去旅游。但黄龙、拉萨等海拔超过2700米地区，高原反应发生率高，要好好评估孩子的耐受能力。

小朋友的抵抗能力较差，产生的高原反应也会更剧烈一些，更容易出现呕吐、耳鸣、头痛、呼吸急迫、食欲不振、发烧等高原反应症状。

更重要的是，儿童的心脏尚处于生长发育阶段，高原的高海拔和低气压容易让平原地区的儿童的心脏无法适应，从而可能诱发急性高原心脏病。

👉 建议去超过2700米高海拔地区旅行，孩子最好要8岁以上，比较安全的年龄是在10岁以上。

心肺功能低下、贫血或有各种急性感染病症未愈的儿童，不建议前往高原旅行。

（2）出行交通

让身体对海拔的落差有个适应的过程很重要。在海拔不断升高的过程中，升高的过程越慢越容易适应。采取每日海拔上升不超过300米的方法，高原反应的发生率自然会降低。如果短假期的旅行突然从平原地区进入高原，孩子很难适应。建议出行时间短的不要选高原为旅行目的地。

交通工具选择火车、自驾，优于飞机。很多人去拉萨会选择火车卧铺进藏，或自驾川藏线进藏。但是乘坐火车几十个小时，封闭的环境、不规律的起居和饮食都容易让孩子有不适感。建议从当地乘坐飞机到其周边海拔稍低一些的城市（如西宁），再坐火车到拉萨。

坐火车时，从海拔上升较明显的地段开始，就要减少孩子在火车上的跑动，多喝水多休息。尽量不要让孩子睡在上铺，一方面是为了安全，另一方面上铺对着空调风口很容易着凉感冒，在高原地区感冒是件相当麻烦的事情。

坐车过程不要把关注点都放在氧气稀薄导致的胸闷和呼吸不适上。尽量不要着急去吸氧，分散注意力多做深呼吸让身体平和，慢慢适应高原环境。

☞ 带孩子从平原进高原的旅行，不建议直飞到超高海拔地带。

准备物品

（1）防缺氧

随身带一罐便携式氧气瓶，以便急需时使用。指压式血氧仪可以实时监测血氧含量，避免缺氧却不自知。

（2）保暖

高原地带海拔高，温度低，且昼夜温差大，要准备一件冲锋衣，或者防风挡雨类外套，抵御寒冷。

（3）保湿

高原空气非常干燥，要备好超强保湿的面霜、润唇膏、身体乳，必要时甚至可以用油性的保湿膏。准备生理盐水鼻喷雾剂，在高原，鼻腔容易干燥甚至有鼻出血的症状，喷雾可以及时缓解和帮助减轻症状。

（4）防晒

高原紫外线非常强，孩子皮肤娇嫩更容易晒伤，晒伤的皮肤会脱皮也非常痒，紫外线也容易伤害人的眼睛。准备好帽子、防晒围巾、墨镜，选用防晒指数50以上的儿童防晒霜。准备儿童晒后修复凝胶

（霜），在夜间用它镇静修复肌肤。高原地带，天气变化无常，时常艳阳与雨雪交替出现，要备一把有防紫外线功能的雨伞。

到达高原

补水
到达高原之后要孩子多喝水，可以适当加入葡萄糖补充能量及增强对低氧的耐受力。多吃蔬菜水果，避免吃得太饱加大胃肠道的耗氧量。

洗澡
洗澡耗氧比较大，进入高原第一晚最好不要洗澡，以免身体不适应。也不需要天天洗澡，并尽量缩短洗澡的时间，减少受凉的机会。

夜间
睡觉时可以采取半卧位，以减少回心血量和减少心脏负担。高原昼夜温差大，一早一晚要注意增加衣服，做好保暖工作。

活动
剧烈活动会增加组织氧消耗。教孩子学会保存体力，减少跑跑跳跳。可适当增加每天的休息时间，不要为了行程赶路，让孩子因为高消耗而产生不适。随身带如巧克力等高能量的食物及时补充体力。

高原反应

当住在平原地区的人从海拔低的地方骤然到达2700米以上的高山、高原时，机体会暴露于气压低、氧气稀少的环境中，从而出现各种不适的症状，这便是高原反应。常见头痛、疲劳、心跳不规律、胃口差、呕吐、眩晕、嗜睡等症状。

高原反应的症状有时不会立即出现，但会在接下来的1~2天内陆续发生。如果能及时补充氧气或回到平原，症状就会缓解，不会留下后遗症。

严重的高原反应患者会胸闷、呼吸困难甚至晕厥，引起急性肺水肿和急性脑水肿，如果不采取措施，很可能导致心力衰竭乃至死亡。

缓解高原反应呼吸困难的方法

(1) 原地休息

当进入高原地区后，一旦发现自己出现呼吸困难等症状时，应该第一时间停止活动，原地休息，并及时补充液体。如果症状比较轻的话休整后可以自行消失。

(2) 进行氧疗

很多人在进入高原地区的时候都会出现呼吸困难的症状，这是因为高海拔地区空气稀薄、氧气不足。如果出现呼吸困难的症状，可以使用氧气瓶、氧气面罩等工具进行吸氧，缓解症状。但是持续吸氧会产生依赖性，因此患者需要采取间断性的吸氧方式。症状较重可送往医院进行高压氧舱治疗。

(3) 药物治疗

红景天、丹参片等中药对预防高原反应有一定的效果，但是要提前服用。

对于已经发生的高原反应，根据患者出现症状用药对症处理。如出现呼吸困难，可以使用乙酰唑胺等药物进行治疗，通过提高血液中氧的饱和度来缓解症状。如果出现头痛不适，可以服用布洛芬缓解疼痛。一些不常见的药物在用药前需先咨询医生。

(4) 异地治疗

如果症状得不到有效的缓解，甚至恶化，应尽快送往海拔比较低的地方，同时遵循"就近就医"的原则。

儿童出现高原反应不适症状的治疗与护理

(1) 呕吐

哺乳期的宝宝继续进食母乳便于消化和增强抵抗力。儿童建议吃米汤和米粥之类容易消化的食物，做到少量多次进食。严重的反复呕吐可适当服用止吐药物或胃肠动力药进行缓解，如餐前半小时服用多潘立酮。

(2) 发烧

低热可通过物理降温的方式来缓解，注意观察体温变化。必要时服用退烧药。

(3) 腹胀、便秘

轻症可以给孩子腹部顺时针按摩排气，服用益生菌调理肠胃。较严重的腹胀、便秘，可以用儿童开塞露帮孩子排便排气，缓解不适感。

(4) 精神萎靡

一旦发现孩子无精打采、面色发紫、呼吸不畅，应立刻停止活动，紧急给予吸氧，并送到最近的医疗机构。必要时应及时转移到海拔低的地方。

当面对高原反应，不要惊慌失措，要知道当地医院对这种病症是很有经验的。

09 滑雪

在冬季，滑雪是一项让人愉悦的运动项目。但是滑雪的难度比较高，有一定的危险性，带孩子滑雪建议选择设施完备的优质滑雪场。目前多数的雪场都拥有儿童滑雪项目和儿童活动区，还有儿童托管处和专职的儿童短期训练营。

现在国内一些城市也有室内滑雪场，即使是一年四季不下雪的地方，也可以在室内滑雪，真是很奇妙的体验。

出发前准备

衣物

滑雪服一定要确保防风、保暖、透气。一件好的滑雪服应该拥有防风、防水、耐磨的外层，保暖透气的中层，速干吸湿的内层。

装备

(1) 视年龄和兴趣选择滑雪用品

按照国际滑雪教练协会的标准，4岁以前的小朋友可以进行短时间的滑雪体验。按照孩子的正常骨骼发育情况，4岁以后就可以让孩子开始系统的滑雪学习。因为双板基本符合人类行走规律，建议孩子先从双板入门会比较简单。如果年龄大些的孩子，可根据他自己的兴趣来选择单板或双板。

目前大部分滑雪场地都有孩子专用的滑雪用品租赁，根据孩子具体情况选择大小合适的。可以等孩子真正喜欢上滑雪，更深入接触后，再考虑自备雪镜、雪板、雪杖等装备。

(2) 必需的专用装备

准备滑雪专用的头盔、护腕和护膝。一定要戴上保暖防水的手套、戴上防晒系数高的目镜或雪镜，用来保护双手和眼睛。另外要备好防寒帽子、围脖、雪地靴（或其他防水又能在雪地行走的鞋子）、口罩。

即使是首次滑雪，建议贴身穿着的衣物自己购买，如雪服、手套、袜子等。

第一次滑雪

准备

(1) 熟悉环境

去雪场第一件事要知道滑雪场的急救室位置，然后记住雪场的救援电话，不仅自己遇到危险可以第一时间拨打电话，而且看到其他人处于危险中需要救援也可以马上拨打电话进行救援。

在孩子刚进入雪场时不要急于脱去衣服，在运动一定时间后，孩子身上有发热感了才适当地减少衣服。也不要急着租赁雪具开始滑雪，可以带着孩子先到儿童游乐区观摩其他小朋友滑雪，引发乐趣以及减少陌生感。

准备就绪后，可以先在游乐区陪同他进一步熟悉过程，接下来就可以正式接触滑雪啦。这时再让孩子脱下最外面的羽绒服，穿上滑雪衣裤，小的孩子可以选择连体内胆的，防止摔跤后雪进入身体。

(2) 热身运动

当身体肌肉没有处在一个放松的状态时，盲目开始去滑雪，容易造成肌肉拉伤。在滑雪前可以做5分钟左右的热身和拉伸动作，身体肌肉得到了放松，也会让滑雪过程更加顺利。

选装备

(1) 滑雪板

无论是单板还是双板，一定要针对孩子的身高和体重来选择，小孩子的腿部力量有限，在选择滑雪板时可以选择较短一些的，安全性也高些。

滑雪板的长度一般控制在身高减去10～15厘米，滑雪板垂直地面直立起来的时候在鼻尖到下巴的位置范围内即可。如果小孩子的体重偏重一些，长度也要相对长一些才合适。

(2) 滑雪杖

滑雪杖同样重要。儿童直立手握雪杖，使雪杖垂直于地面，当雪杖尖端碰触地面的时候，前臂和上臂的角度刚好为80度左右，建议以此为基准进行选择。

对于初学者而言，不合适直接挥杖和蹲身，因为这样会加快滑行的速度，失去平衡。

> 只要保持身体站直，脚腕紧靠前面的鞋帮，使身体的重心跟着上身一起移动即可。

练习

(1) 第一次要练好姿势

第一次滑雪的时候基本姿势是非常重要的,形成一个正确的肌肉记忆方式。如果过后再改正错误,难度是非常大的。

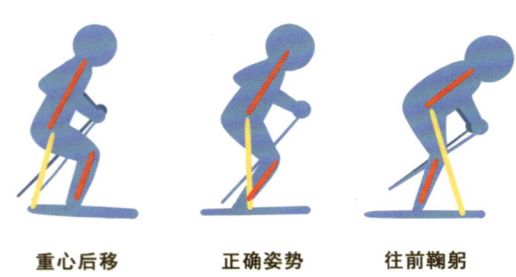

重心后移　　　正确姿势　　　往前鞠躬

第一次滑雪,尤其是孩子,建议请专业的儿童教练指导。教练可以倒着滑行,眼观四方保障孩子的安全。家长可能自己滑得很好,但不一定能教好。一开始就掌握正确的姿势对以后提高会有很大的帮助。

(2) 第一次练习场地要选好

第一次滑雪要从平地开始练习。首先,穿雪鞋不穿雪板,在平地上进行平衡感的练习。之后,先穿单脚的雪板,进行单脚滑行平衡练习。然后再穿两个雪板进行行走练习。

还要学习如何正确地摔倒,降低重心进行侧摔,直线冲下。练习摔倒之后如何正确地起身,不要在雪道上停留。经过练习就可进行初级道的滑雪了。

注意事项

(1) 选择雪况好的早上

早上最早时段雪况最好,冰渣还不多,覆盖着绵软的雪,适合孩子和初学者。尽量选择人不多的时候带领孩子在雪道上练习以免产生碰撞,雪道也要选择孩子专用的练习雪道，不要和成人混在一个雪道上学习。

（2）选择有耐心的教练

为孩子选择一个耐心且具备儿童心理常识的滑雪教练。如果是技术娴熟的家长带着小孩滑雪，在最开始的教学过程中应循序渐进。

（3）控制滑雪时间

考虑到儿童的身体素质，一般每次滑雪要控制在1.5小时到2小时以内，长期的低温天气活动对体力消耗非常大。注意滑雪的时间不要过长，造成孩子疲劳，滑雪和雪地游戏交替进行。孩子在雪地上堆雪人、打雪仗时，要特别注意孩子手部保暖。

处理意外伤害

骨折

滑雪的过程中，由于滑雪板的限制，较容易造成下肢产生扭转类的骨折。比如小腿或者是大腿等处的扭转骨折，或摔伤产生的长骨或脊柱骨折。

骨折最常见的症状就是骨折部位肿胀、疼痛，甚至发生畸形。如果孩子受伤后哭闹不止，受伤部位肿胀、畸形，不让任何人碰触，自己也没法动，这种情况骨折的可能性就比较大。

（1）救治方法

固定：当判断孩子可能是骨折时，要马上进行妥善固定，不要移动受伤的肢体，就地取材在出问题的位置进行简单的固定。

临时夹板可以用小木板、硬纸片，附于患侧肢体上，在夹板或肢体之间垫一层棉花或毛巾、布之类的物品，用带子捆绑，松紧适宜，且超过上下两个关节。四肢固定时，应暴露手指、脚趾，以便观察指（趾）部位血液循环情况，调节夹板的松紧。

👉 请注意

千万不要去活动骨折部位，也不能让孩子乱动，否则可能造成严重二次伤害。有些家长会给孩子按摩、热敷等，这都是不对的，可能会增加局部出血，导致肿胀加重。如果是脊柱骨折，一旦搬动不当，损伤了脊髓神经，孩子很可能会终身瘫痪。如果有骨头裸露，不要把它放回去，可用干净的衣物或纱布覆盖，等待专业医生治疗。

(2) 出血

如果骨折部位出血，可用手指按住伤口血管上方或用干净的绷带绑住伤口帮助止血。

简单处理后尽快带孩子就医。在就诊前，先别让孩子进食，以防需要手术（较大的手术需要麻醉，要求空腹）。

👉 总结

受伤后肢体活动障碍 受伤部位持续疼痛	▶	怀疑骨折	▶	原位固定， 前往医院。

(3) 日常防护

①对于骨折病情比较轻的儿童来说，一般3个月左右就能够痊愈，但是如果非常严重的话，时间就会比较长一些。在康复过程中要限制骨折部位的活动。

②滑雪摔倒时，家长应避免突然用力牵拉孩子的肢体。

③不管是滑雪还是骑单车、平衡车、滑板车，都要教育孩子正确佩戴头盔、护肘、护膝等。

④如果孩子容易反复骨折，家长就应考虑孩子可能有其他疾病，要及时带孩子到医院进一步检查了。

医学小贴士

Q: 儿童骨折有哪些不同类型？

儿童骨折一般有三种类型：青枝骨折、粉碎性骨折、切断性骨折。

（1）青枝骨折比较常见

由于小朋友的骨密度比较小，柔韧性比较高，所以在骨折的时候经常会发生"藕断丝连"的现象。骨骼的内部折断，但是外表连接，这是儿童骨折最常见的一种独特方式。

虽然出现骨折，但是从外形根本看不出，有时候疼痛也不是非常明显，通常会在一段时间之后，孩子开始觉得疼了，家长才会带孩子到医院检查。因此，这种类型的骨折非常容易漏诊。

（2）粉碎性骨折非常严重

产生粉碎性骨折，多是从高空坠落下来，直接撞击在坚固的或坚硬的位置上，导致局部骨头粉碎性骨折。

（3）切断性骨折异常疼痛

骨头折为两段，肢体就没有了骨骼的支撑，如果稍加运动的话，骨骼断裂的地方，就会刺伤部分的神经或血管细胞，极其疼痛，而且没有骨骼的支撑，人也爬不起来。

我们可以根据孩子受伤后的表现，来初步判断孩子是哪一种骨折。

眼睛伤害

因为白色的雪反射太阳的光线会非常刺眼，大量紫外线被眼睛吸收，眼睛外层角膜容易被灼伤，引起雪盲症状。

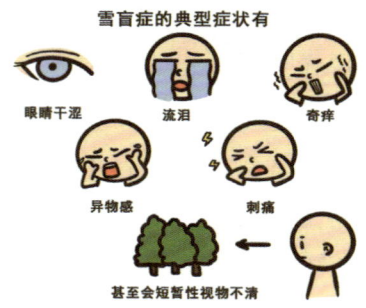

去滑雪，建议家长和孩子都要佩戴专业的滑雪眼镜。如果出现雪盲的症状，千万不要用手揉眼睛。

处理方法：用纯净水清洗眼球，然后用柔软的医用棉纱覆盖眼睛，闭眼休息。早期可进行冷敷。如果没有继发感染，经过6~8小时后症状就会自行缓解，24~48小时以后完全消失。如果出现持续眼睛剧痛、畏光流泪，需到眼睛专科就诊后用药治疗。

冻伤

因为冬季雪场气温低,如果没有做好保暖措施,我们很容易在滑雪的过程中冻伤。更糟的是,极度低温使血液无法足量地到达手或其他暴露在外的身体部位,于是造成缺氧和组织受损。

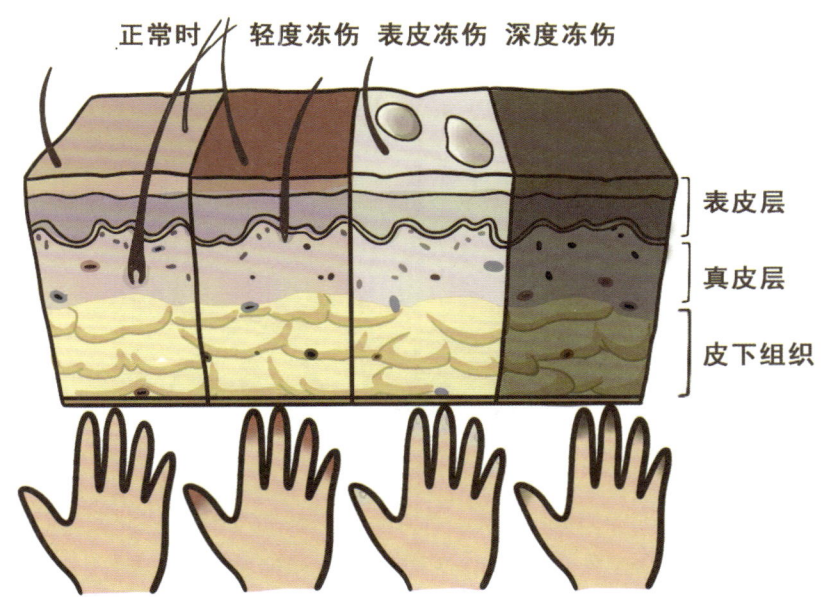

(1) 救治方法

①应立即离开气温过低的雪场,到温暖的休息室中更换打湿了的衣服鞋袜,可以用40~42℃的温水浸泡冻伤部位,穿上厚衣服保暖。如果皮肤变得红润、柔滑时,就表明解冻比较完全了。

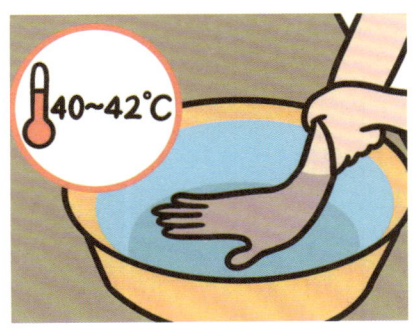

👉 请注意

第一,不能用搓揉的方法促进冻伤部位的血液循环。

第二,浸泡的水温不能过高。

第三,特别注意不能马上烤火,不要用吹风机吹干。因为受伤的地方感觉不灵敏,无法判断热风的温度,所以可能造成烧伤。

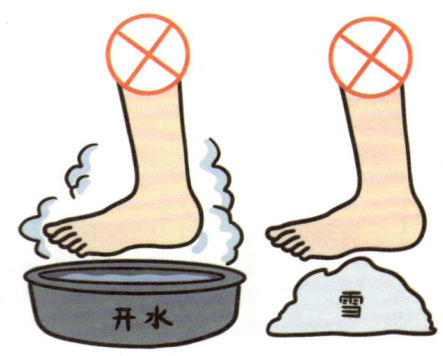

②轻度的冻伤如发生肿胀、充血,应保持局部干燥、卧床休息、抬高患肢,数日后可痊愈。必要时咨询医生,局部涂敷冻伤膏。

③有水泡时(直径小于1厘米),应保持水泡完整性。若冻伤严重出现大泡、血泡,皮肤变蓝变黑,感觉丧失或剧痛等症状,需立刻前往医院就诊。

10 乘坐交通工具

外出远行，免不了要坐飞车、高铁、巴士或者自己开车等，需要注意相关事项，事先做好准备，有助于出行顺利。

汽车

自驾车

第一，出发前检查车辆情况，检查儿童安全座椅安装情况，必须安装在后座上；

第二，规划好路线，尤其注意沿途高速公路服务区，便于就餐和使用洗手间；

第三，随身携带孩子喜欢的玩具，准备小零食和点心，分散宝宝注意力，可以让孩子在较长的路途中不至于因为烦闷而哭闹；

第四，行车时将车门锁住，避免孩子自己开车门；

第五，长途旅行要为孩子准备可携带的折叠坐便器或男童尿壶，解决孩子大小便问题。

租车

(1) 实地租车

根据目的地，选择正规租车公司。多数在机场、高铁火车站附近都有门店，可以实现交通工具之间的无缝连接。

(2) 网上约车

可网上提前预约用车，选择车型、取车地点、租车时长。

☞ 注意

①身份证、驾驶证和信用卡是必须备齐的；

②最好额外购买不计免赔保险；

③取车时验车，重点验车表面划痕；

④一般取车时满油，还车也要加满油，如果还车时没有时间去加油需支付油费差额。

(3) 儿童座椅必备

咨询租车公司能否提供儿童汽车座椅，如果没有，可以自带便携式的儿童座椅。

(4) 租车连司机

没有驾驶证又想租车，或者担心人生地不熟，可以选择带司机的租车公司，旅程更加舒适。

乘长途公共汽车

第一，大多数长途公共汽车可能比较拥挤，舒适度较差，人员密集，空气质量差，尽量避开高峰期乘车。

第二，要考虑乘车安全性，保管好行李物品。

第三，超过4个小时的长途旅行，若久坐不动会带来静脉血栓栓塞风险，在旅途中应穿着宽松舒适的衣物，适量喝水，适当走动、活动双腿，可通过收缩小腿肌肉来促进血液流通。

火车

火车是比较舒适的长途交通工具，乘坐火车可以减少孩子晕车、晕船的发生。国内高铁线路的四通八达以及稳定的价格，使得高铁游受到了不少家庭亲子游的青睐，选择高铁出游的亲子游家庭增长迅速。

(1) 购票

《铁路旅客运输规程》中规定，高铁儿童免票身高为1.2米以下（此处的身高是脱鞋后的净身高），免费乘车的儿童以及持儿童票的儿童不实行动车票实名制。

> 👉 购票注意
> ①每一成人旅客可免费携带一名身高不足1.2米的儿童，超过一名时，超过的人数应买儿童票；
> ②高于1.2米不到1.5米的儿童可享受火车票票面价格的半价，但不允许单独购买车票，必须随同一名成人才能购买车票；
> ③儿童超过1.5米时，应购买全价票；
> ④免费乘车的儿童单独使用卧铺时，应购买全价卧铺票。

（2）如厕安全

火车在站台停留或即将到站时，车上洗手间可能关闭，建议提醒孩子及时上厕所。火车上人员比较复杂，到站时人员流动大，注意看管好小孩。

（3）自带食物

餐车的食物不一定适合孩子口味，建议自带食物。

（4）自备应急衣服

高铁上有时冷气开得很足，需多带1~2套衣服，以备不时之需。

船

东南亚很多出海跳岛游，需要乘船、快艇出海。乘坐邮轮是一种休闲的度假方式，没有长途跋涉的辛苦，同时孩子们可以在邮轮上尽情玩耍，还有丰富的餐饮和船上活动，家长也相对比较省心。

第一，孩子可能会晕船，要选择合适的舱位，尽量选择底层船尾位置，并提前使用晕车贴。如果孩子有严重晕船史，要备好晕车药并提前服用。

第二,根据要求给孩子正确穿好救生衣,特别是乘坐快艇的时候。

👉 请注意

正确穿好救生衣才能真正起到"救生"的作用。出海游玩时看到很多人都不知道如何穿救生衣,基本上都是很随意地套上救生衣,拉上拉链或者扣上胸前扣子就完事。

这是错误的穿法,因为在水中身体是往下沉的,而救生衣是向上浮的,如果穿得不正确,救生衣会顶着胳膊,勒着脖子,非常难受!

错误穿法

👉 普通救生衣的正确穿法

①套上救生衣;

②拉好拉链,扣好救生衣正面卡扣;

③调紧卡扣系带;

④把救生衣下沿的两根带子,从两腿之间、大腿根部绕过去扣好。

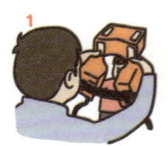  

 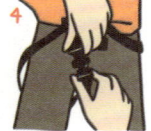

带小朋友出海游玩、漂流或者玩皮划艇时,很多游船、景点配备的儿童救生衣都偏大。5岁以下的小朋友最好自备一件合身的救生衣,安全又卫生。

飞机

航空公司选择

根据自身经济水平选择航空公司，如果飞行时间较长则建议选择宽体客机。

时间选择

第一，5个小时以内的可选择白天航班，5个小时以上可以选择夜间航班，让整个夜间睡眠都在飞机上度过；

第二，尽量不要选择凌晨2点后起飞的航班，在该睡眠的时间待在机场候机、半夜折腾登机对大人和孩子都是一个考验；

第三，8小时以上的飞行时间可能会引起婴幼儿烦躁不安，家长要谨慎选择这样的路线；

第四，了解前序航班晚点率，尽量避免乘坐前序航班晚点频次高的航班。

机票预订

第一，婴儿票和儿童票不能单独购买，需与成人票一同购买，可以打电话或在网站上预订；

第二，如在各大平台外部代理渠道先购买成人票，可再致电航空公司补购买婴儿票和儿童票，具体根据航空公司要求操作。

票价信息

第一，2岁以下婴儿票的票价为成人全价票的10%，不占座位；

第二，2岁以上儿童票票价为成人全价票价格的50%，有单独座位；

第三，12岁以上儿童可以购买成人特价票。

值机

提早约2个小时（国内航班）～3小时（国际航班）前往机场办理值机，基本上可以安排比较靠前的座位。儿童票也可以和成人票一同网上值机，尽早值机，选择靠前座位。

> 证件

第一，境内游需携带成人身份证和儿童户口本或出生证或身份证前往机场办理乘机手续；

第二，出境游需携带成人和儿童的护照或通行证前往机场办理乘机、出境手续。

> 行李

婴儿车可随行李托运，也可在登机口托运，各个航空公司规定不同。在出发前提前了解液体、电池、充电宝等随身携带的要求，还有婴儿的免费行李额。

> 突发情况处理

如出发前因为生病，尤其是医生确诊不能出行的疾病，可联系航空公司，按航空公司要求，提交三甲医院的不宜乘机的诊断，附带200元及以上的就诊发票，电子件一并发给航空公司，可免费退回患病者及最多两名随同人员的机票价款（具体致电航空公司咨询）。

建议亲子游通过航空公司官方渠道订票并且小孩和大人一起购票，如果不在一个订单上，不能享受同时无损退票。如果有航空公司推出退票险的，在不确定的情况下可考虑购买。

☝ 乘机注意事项

①部分飞机上空调较大，建议夏天出行携带外套并及时添加，或登机之后第一时间索要毛毯，为起飞后孩子机上睡觉做好准备。

②需要冲奶可在起飞后向空姐求助，没有温水可以用热水兑矿泉水。

③根据情况提醒孩子上厕所，除飞机滑行、起飞、降落、气流颠簸之外，其他时间都可以使用洗手间。

医学小贴士

Q: 新生儿能不能乘飞机?

由于新生儿肺部和血管都较为脆弱,身体对气压、重力等变化的耐受力比较差,一般建议宝宝4~6周以后再乘坐飞机。

大多数航空公司的规定都是出生14天以上的婴儿可以坐飞机。

国内航空公司不接受14天以下的宝宝坐飞机。

部分国外航空公司可以接受出生7天甚至2天以上的宝宝乘机,但需要医生提供健康证明。

通过航空公司购买婴儿票可以申请机上婴儿摇篮,因对婴儿身高、体重有要求,所以需要提前预订。

索道及特殊交通

很多景区会运用索道来承载旅客。比如越南芽庄的跨海索道、内蒙古响沙湾的沙漠索道。坐索道注意看管好孩子,特别是在上下索道的过程中。提醒孩子不要在索道车厢里跳跃,不要把手和头伸出外面。

👉 **特殊交通**

到目的地乘坐当地的交通工具也是体验风土人情的一种方式。比如像突突车(电动三轮车)、敞篷观光车、游船等。还可以租用摩托车、电瓶车或自行车到处逛逛。尽量选择安全宽敞的道路,不要去人迹罕至的地方。

处理乘车乘机的不适

乘飞机耳朵痛

飞机起飞和降落时孩子可能会遭遇耳朵痛,主要跟耳压有关,关键在中耳内的鼓膜。飞机高度改变时,耳内外压强不同,鼓膜也相应会发生凹陷、外凸,所以会造成耳朵痛。

这时候我们可以通过吞咽、咀嚼等动作,使得咽鼓管打开,中耳内大气通过咽鼓管泄漏出,逐渐使得中耳内、外大气压一致,鼓膜恢复放松状态。

缓解耳朵痛的方法:让孩子捏住鼻子、闭上嘴巴,用力吹气。

年龄小一些的孩子,无法配合做吞咽、张口打哈欠、吹气等动作,可以通过喝水、喂奶、进食这些吞咽动作来缓解。上机前记得给孩子备点小零食和饮用水。

晕动症

乘坐各种交通工具时会出现眩晕不适,医学上称为晕动症,是指在船上、汽车上、火车上、飞机上甚至是虚拟现实(VR)环境中前庭系统受到刺激后出现的各种生理不适反应。

(1) 常见的晕动症状

恶心、呕吐或干呕、出汗、冷汗、唾液分泌过多、情感淡漠、过度通气、对异味敏感性增加、没有食欲、头痛、困倦、喜暖畏寒等。年龄小的宝宝大多数表现为面色苍白、烦躁不安、打哈欠、哭闹、胃口差、呕吐等。

2~12岁的少年儿童特别敏感,但婴幼儿很少发生晕动症。

(2) 药物干预

晕动症比较严重的患者，在旅行乘坐交通工具时，需要服用晕动症的药物来控制和缓解症状，预防晕动症伴发的恶心、呕吐。

①茶苯海明片

2～12岁儿童可以使用。规格每片25毫克，2～6岁儿童一次0.5片，一日不得超过6片；7～12岁儿童一次1片，一日不得超过8片。预防晕动症应在出发前30分钟服药，治疗晕动症时每4小时服药一次。具体须在医师指导下用药。

②东莨菪碱贴片

一种防晕车的透皮贴片。每贴含东莨菪碱 0.75毫克（供儿童用），贴在一侧耳后没有头发的干燥皮肤上。8～15岁的儿童需1枚，在旅行出发前4小时（或旅行前一天晚上）贴用。7岁及以下儿童不推荐使用。

(3) 缓解晕动症

①穴位按压

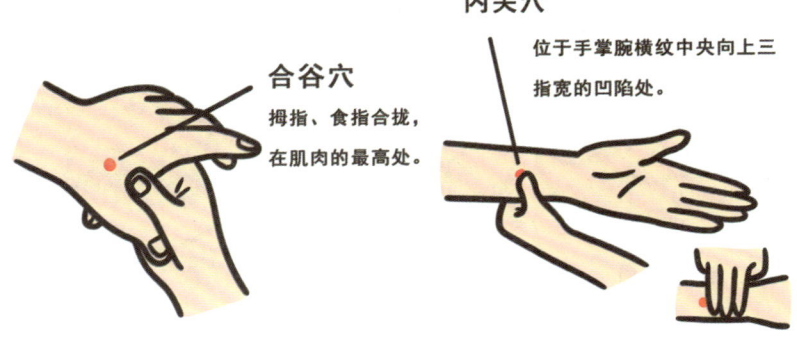

②外用法

橘皮：

宽中理气，可以防止晕车。将新鲜橘皮表面朝外，向内对折，然后对准两个鼻孔用两只手指挤压，皮中便会喷射出带芳香味的油雾。可携带橘皮随时吸闻。

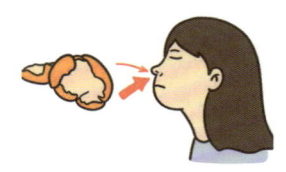

生姜：

具有健胃止呕的功效，特别是对于干呕、呕逆不止的症状效果比较好。将鲜姜切片，装入小塑料袋内随身携带，乘坐交通工具时随时放在鼻孔下面闻。大一点的儿童晕车可以用生姜薄片少量含于口中。还可以将姜片贴在肚脐及手腕内关穴上，注意时间不宜过久，以免小儿娇嫩的皮肤发红起泡。

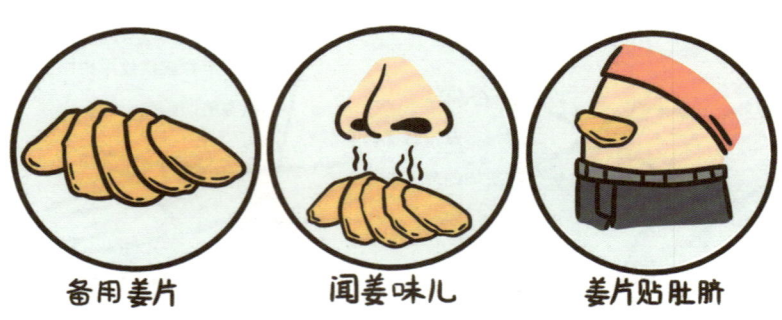

备用姜片　　闻姜味儿　　姜片贴肚脐

(4) 注意事项

①选择位置

a. 大人尽量陪伴孩子坐在汽车或大巴的前面几排（出于安全考虑不能坐第一排），坐飞机时尽量坐在中间靠近机翼处，坐轮船特别是快艇时选择靠后的座位；

b. 选择靠窗位置；

c. 紧靠座椅的靠背，以固定头部。

②减少刺激：不要在乘车时玩手机或看书，可保持卧姿、闭眼、睡觉或者眺望地平线等方法，有效减少刺激。

③控制饮食：不能吃太饱，或进食难消化食物以免造成胃胀。可以少量多次进食，并保证水分的摄入。

④分散注意力：听音乐，口含润喉糖、薄荷糖也会有帮助。

⑤保持车内清新：为孩子准备好塑料袋、卫生纸和水，恶心呕吐时让其将污物吐在塑料袋里面，用水漱口、消除不良气味，擦净嘴角。如果是自驾车的话应保持车内空气清新，开一点车窗对流。

> 研究表明，乘车次数增多之后，晕车症状就会随之减轻。每次出行前，准备好必备品，乘车时采取一些有效措施帮助孩子减缓晕车症状。请不要因为孩子晕车就放弃带孩子出行的机会。

11 观看野生动物

　　动物是人类最好的朋友，动物园是动物们栖息的温暖家园，也是孩子们接触自然、学习观赏的好去处。

　　和传统的动物园相比，野生动物园更具有吸引力，可以自己开车在野生动物生活的区域穿行，给孩子亲近自然的体验，像国内的广州长隆野生动物世界、上海野生动物园、北京大兴野生动物园，以及新加坡的夜间野生动物园等均是比较成熟的野生动物园，各有各的特色。

　　我国还有很多野生动物保护区，比如西双版纳自然保护区的"野象谷"、卧龙自然保护区的"中华大熊猫苑"等，都很适合带孩子去游玩。如果假期时间长，还可来一场狂野之旅，远到非洲广阔的草原上，探秘著名的"非洲五霸"——大象、狮子、猎豹、非洲水牛和犀牛，见证动物的大迁徙。

出发前准备

衣物

野外早晚温差大，应携带保暖衣物。如选择清晨或夜间乘坐园区的敞篷车观赏游览，建议备妥防风、保暖型外套。

用车

租车和驾车均须持有效驾照。国外自驾游提前在国内对中国驾照进行中英文公证后，再到所在国家或地区的驻华大使馆和领事馆做双认证。自然保护区内有些区域无手机信号，建议提前规划好路线、下载好离线地图，并将在园区内旅行路线、时间、同伴等信息知会家人。野生动物园、保护区都比较辽阔，一定要保证汽车里有足够的油。如果不想自驾的话，也可以选择乘坐园区观光车游览。

防蚊

动物聚集的地方草丛密布、水系发达，因此蚊虫较多，应做好防虫措施，备妥防虫药物，涂抹防蚊液等，不要穿短袖短裤。

防晒

带齐防晒用品，做好户外防晒措施。建议佩戴帽子、太阳镜并涂抹防晒霜等。

其他

随身带饮用水或食品，不要放在后备箱，下车取物随时可能遭到潜伏动物的袭击。可以带望远镜以便更好地观察动物。

注意事项

不要下车

自驾进入动物保护区、野生动物园前请一定先熟悉各种规则。不得擅自下车、开窗、喂食动物，遵循主要游览路线。

不要挑逗动物

如遇动物是发情期或是哺乳期，很容易引起动物的敌对情绪，从而引发自身危险。

不要用自拍杆

伸出窗外的自拍杆很容易成为动物攻击的对象，同时也给自己带来危险。

不要用闪光灯拍照

一方面会刺激动物眼睛，另一方面也会惊吓到野生动物，可能会导致它们暴躁伤人。

不要靠太近

有些禽类动物的细小绒毛，很容易引起孩子的上呼吸道疾病和过敏，最好不要离动物太近，远距离观赏即可。

处理意外伤害

断指、断肢

因被动物伤害致断指、断肢，必须立即拨打120急救电话。

(1) 止血

家长观察断面，如果持续出血，要用清洁的布料、毛巾或纱布用力压住受伤部位，包扎止血。如果加压包扎无法有效止血，可绑住受伤处以上的部位止血，之后半小时放松一次。

(2) 保存

用无菌纱布或相对干净的布巾等包裹断肢。外面用塑料薄膜密封。放置在干净的容器内，周围放上冰块（可用冰棍、雪糕代替），一同转送到医院。没有完全离断的肢体，要固定后再转送。

(3) 手术

谨记尽快就医，越快越好，争取在6~8小时内能进行再植手术。

☞ 请注意

如果断肢被动物吞吃了，应立即将动物处死，从胃中取出断肢，仍有再植康复的可能。

12 公园、游乐园

新加坡环球影城、马来西亚乐高乐园、越南珍珠岛游乐园……带着小文的亲子旅行，我会尽量在旅行计划中加入乐园的行程，让他玩得更开心。除了大型主题乐园外，周末去公园晒太阳、野餐，玩平衡车、滑板车，还有各类室内外儿童游乐场、水上乐园，都是遛娃的好去处。

出发前准备

购票

提前在各大旅行平台、乐园官网购票，现场自助取票后入园或直接刷身份证入园。现在的大型游乐园偏向于成人化，游乐项目以惊险刺激的大型机动游戏为主，亲子游注意要选择大部分项目适合自己小孩年龄段的乐园。

住宿

(1) 可以选择入住大型乐园的配套度假酒店

其有以下优点：

①离乐园近或者就在园区内。人气较旺的乐园游玩项目排队的人较多，入住配套酒店，第二天可以提早入园。在开园后的第一个小时为游玩的黄金时段，入园人少，绝大部分项目排队时间是最少的，甚至不需要排队。这时可以先玩1个或几个热门项目，让一天的行程变得轻松许多。经过一整天的游玩，晚上观看乐园的焰火或者其他舞台表演后，孩子很快能到达酒店休息，缓解疲惫。

②入住的其他优待。比如入住迪士尼酒店可优先领取迪士尼快速通行证、享受优先入园。入住响沙湾的莲花酒店，所有响沙湾的沙漠游乐项目都可以使用住客通道，不用在烈日中排长队。

(2) 入住乐园周边酒店、民宿

价格实惠，一般有免费专车接送到园区门口，也比较方便。

天气

带孩子去室外游乐园、公园，选择晴朗的天气让孩子能有更好的体验感。室内游乐场就不受天气影响，不失为坏天气时游玩的最佳选择。

衣物

尽量给孩子穿简单的衣物，如运动服、运动鞋、平底鞋。不要穿带帽子的衣服，或者长裙子、大摆裙、纱裙，这样会增加危险指数，容易被其他小朋友踩住、机器拽住而产生危险，或在上下游乐设施时衣服被卡住产生危险。

绝大多数的游乐园有湿身的水上娱乐项目，可以提前准备一次性雨衣，多给孩子备两套置换的衣服。假如到水上游乐场，可以准备适合孩子的泳衣、泳镜、救生圈及救生衣等。想要给孩子拍照，记得带上手机防水套。

联系

节假日乐园及公园人员较多，容易走失。给孩子戴上智能手表，可以随时定位孩子的所在地点。至少要在儿童衣服口袋里放一张有孩子及家长姓名、家庭住址、联系电话等信息的联系卡。

游玩注意事项

注意身高

大多数游艺设施是按照身高而非年龄进行限制的，这样的限定可以确保孩子的安全，不要让儿童去玩不适合其身高、体质的游乐项目。

比如，小文不到2岁时，我们带他去珠海长隆海洋王国游玩，大部分机动游戏都是玩不了的，但可以看海洋动物、看各种演出。

◎长隆海洋王国

在新加坡环球影城玩变形金刚项目时,小文身高刚好够该项目的最低标准:1.12米。

但是刺激的项目把他吓得不轻,过了很久想起来还是觉得后怕。因此身高的设置还是有科学依据的,身高不达标就不要入场,以免孩子适应不了。马来西亚的乐高乐园大部分项目适合低龄孩子,10岁以上可能会感觉设施不够刺激有趣。所以应该根据孩子的情况选择不同的乐园。

◎马来西亚新山乐高乐园

注意玩伴

在公园、游乐场内人数很多,而且年龄差别很大。自己的宝宝年龄较小要看紧一些,在玩耍时避让年龄较大的儿童。如果自己的孩子比较大且调皮,要多指导不要误伤周围的小孩,避免造成纠纷。

在玩滑梯时不要从滑梯口处往上爬,滑下后应该迅速离开滑梯口,以免后面滑下来的孩子冲撞造成伤害。

注意设施

在玩乐的过程中,家长要随时跟在孩子身边,体验前要仔细检查设备的卫生情况与安全性。

在玩碰碰车游戏时,应该给孩子系好安全带,过程中也不能做太剧烈的碰撞,尤其是正面碰撞,要考虑到儿童的承受能力。在玩旋转木马游乐项目时,要防止过于年幼的孩子跌落,不要因为旋转木马速度慢而掉以轻心。

注意动物

在公园游玩,孩子和陌生的猫狗玩耍的时候,家长一定要在身边进行监管。不要让孩子去主动攻击、恐吓,或是戏弄陌生的猫狗。不要在猫狗吃东西、睡觉或者照顾幼崽的时候去逗它们。

注意时间

孩子一到游乐园、公园等地方肯定会尽力玩乐,全情投入,乐不可支。这时家长要控制一下时间,不要让孩子因为玩乐、跳跃奔跑过度疲惫,中途应适当休息,补充水分和食物。

处理意外伤害

桡骨头半脱位

因为婴幼儿的桡骨头还未发育得像成人那样的圆球状桡骨头,所以很容易移位。在游玩中,孩子因前臂被猛力牵拉导致"脱臼",也就是桡骨头半脱位,又称"牵拉肘"。

复位桡骨头半脱位是相对安全的操作,家长在明确病史、熟悉操作流程和技术后,完全可以自行复位。

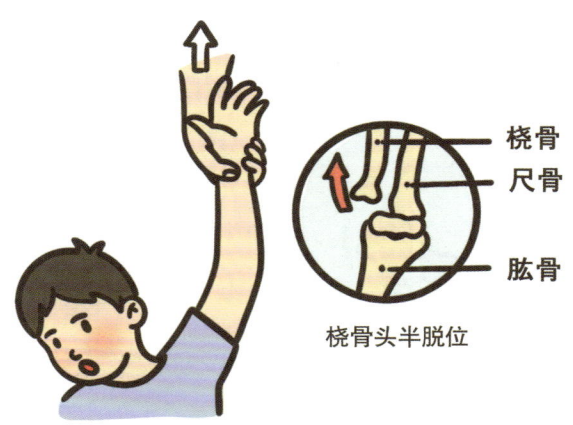

桡骨头半脱位

(1) 病史

孩子有上肢被牵拉病史(排除外伤),肘部疼痛哭闹不停,不肯用受伤的手去拿东西和活动肘部,拒绝别人触摸。孩子为了减少不适,会自主保持上肢不动。

此时孩子的肘关节外形正常,无突出,无挫伤或明显的畸形。

221

(2) 复位操作

家长在洗干净手之后便可复位操作。这个过程会造成孩子一些不适，比较敏感的孩子会哇哇大哭。操作时需要另一个家长协作，让孩子坐在家长大腿上，对着操作复位的家长，抱住固定好小孩，褪去患儿患肢衣物。

以下为三步复位法。

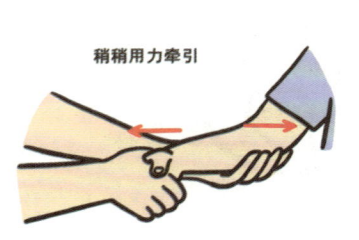

牵引：左手握住患儿肘部，拇指放在桡骨头的位置，轻触桡骨头，感知桡骨头复位时的弹响或滑动；右手轻握患儿手腕部，轻轻牵拉。

❶

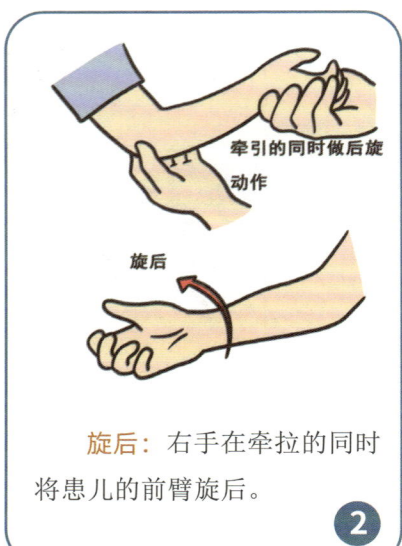

旋后：右手在牵拉的同时将患儿的前臂旋后。

❷

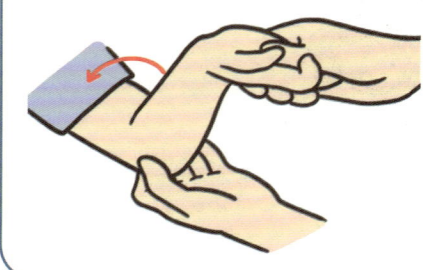

屈肘：在牵拉和旋后的同时轻推患儿前臂至屈肘位。

❸

以上三步操作一气呵成。

如果旋转归位，你就会听到一声骨头的轻弹声，声音很小，但手能感觉到。复位成功以后，孩子手臂很快就可以自由活动了，手可以举过头顶，举手取物，也不会再有痛感了。

(3) 就医

以下情况尽快就医：

①当造成损伤或移位的原因是摔落；

②损伤的周围环境不清楚；

③孩子不配合而无法进行检查确定是否脱臼；

④尝试 3~4 次后仍无法复位肘关节。

应该尽快到医院进行影像学检查来排除骨折，找专业骨科医生进一步治疗。

223

(4) 游玩时应避免以下情况

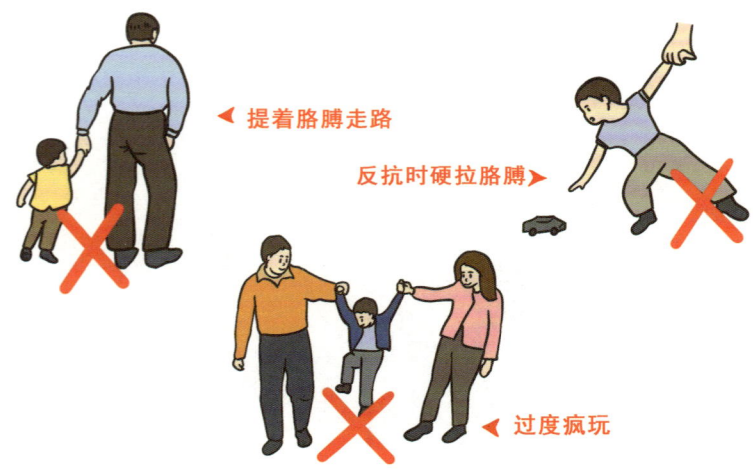

◀ 提着胳膊走路

反抗时硬拉胳膊 ▶

◀ 过度疯玩

猫狗抓咬

孩子在公园游玩被猫抓伤狗咬伤，应该立即处理伤口。

(1) 救治方法

①处理伤口

用流动清水清洗伤口15分钟，如果破口的伤口已闭合，必须掰开伤口进行冲洗。

👉　　　用水对着伤口冲洗虽然有点痛，但也要忍痛仔细地冲洗干净，这样才能防止感染。

②消毒

彻底冲洗后，用干净棉球将伤口蘸干，涂上碘伏或者酒精消毒，用干净的纱布把伤口盖上。

③防疫

被猫狗咬伤后有一定概率感染狂犬病毒，所以在进行简单处理后，应及时前往医院接种狂犬疫苗。若伤口较深，应去医院进行正规清创处理，打破伤风针。

(2) 注意事项

①孩子万一被咬伤，千万不要用止血药粉或者药膏涂抹伤口，不要用牙膏、醋等非医疗物品冲洗伤口甚至用嘴去吸吮伤口，以免造成继发感染。

②春季是动物的发情期，也是宠物伤人的高峰期，在这个时期避免过多和动物接触。

③孩子与宠物不要过于亲昵，比如亲吻宠物、将手指伸入宠物的口中或手拿食物挑逗宠物等，以免遭到宠物的意外伤害。

医学小贴士

Q: 被猫狗咬伤是不是都要打狂犬疫苗、狂犬免疫球蛋白？

要看伤害的具体程度。我们通常分为三级：

一级暴露： 没有破皮，病毒没有进入身体，清洗创口就够了。

二级暴露： 破皮但没有流血，病毒有可能进入身体，用肥皂和流水冲洗15分钟即可。医护人员会根据伤口的暴露情况做进一步处理。

三级暴露：破皮、流血，病毒有可能进入身体，用肥皂和流水冲洗15分钟，需要打狂犬疫苗，还要打狂犬病免疫球蛋白。

孩子经常接触宠物猫狗，家长最好提前给孩子注射预防性的狂犬疫苗，是避免狂犬病发生最有效和合理的方法。儿童在接种狂犬病疫苗期间应避免其他疫苗的预防接种，须在狂犬病疫苗接种完成1个月之后方可进行其他疫苗的接种。

Q: 是不是接种狂犬病疫苗后能终身免疫？

并不是打过狂犬病疫苗就能达到终身免疫。

全程接种狂犬病疫苗（5针）后体内抗体水平可维持至少1年，抗体会随着时间逐渐下降。在不做相应的抽血化验的情况之下，建议完全打完狂犬病疫苗之后的半年至1年内，假如被狗或者其他动物咬伤，应当加强注射狂犬病疫苗。如果超过3年的时间，还应当重新全程注射。

13 骑行

◎户外骑行

骑行是一种健康环保的户外旅行方式。在骑行中既可以领略美景、亲近自然，又可以锻炼意志、挑战自我。

户外亲子骑行可以在森林公园、城市乡村找到合适的路线，现在很多大城市也增加了一些骑行绿道，没有机动车，环境舒适，不失为一个很好的选择。长时间的骑行要先学习一些必要的骑行技巧和交通规则。提前根据地图路线来规划路上的休息点和补给点，避免孩子太累。

幼龄儿童也可以从骑行中获得乐趣。很多城市在公园中开辟一块儿童骑行场地，地面用醒目颜料涂刷，还设置了陡坡为儿童的骑行增加娱乐性。周末带着孩子在儿童骑行场，骑自行车、平衡车或者滑板车，其乐融融。

出发前准备

车辆

选择合适的骑行车辆。2～3岁的小孩可以选择12英寸自行车或平衡车，3岁以上的孩子适用14英寸的自行车，5～7岁选择16至18英寸的自行车，8岁以上可以开始体验20英寸轮径带变速系统的自行车，10～12岁的适用24英寸自行车，12岁以上的孩子可根据身高选用26英寸的自行车。

安全护具

头盔、手套、护膝、护腕。

防晒

外出一定要注意防晒，尤其是夏季。可选择一大早或傍晚出行。不要正午让孩子暴晒，避免中暑。行程中戴帽子、防护墨镜，擦防晒霜，穿着防晒衣。

补给

骑行过程中要注意补给，水壶装好饮用水，备好干粮。

亲子骑行的技巧

交通安全

父母可以在途中培养孩子良好的交通意识。例如，注意红绿灯的问题，在改变位置前要观望周围的路况再慢慢停下来，下坡一定要控制速度等。

沟通交流

提前让孩子了解现实中道路行驶的一些沟通方式，比如学会看骑行手势。

左转弯　　停车　　右转弯　　减速

孩子很容易对路况的判断和选择错误，骑行时一定要让孩子骑在自己的前边，防止孩子受伤而父母没及时发现这类情况的发生。

实际训练

让孩子更好地适应现实的道路环境。骑行之前要来一次热身运动，主要做一些伸展运动。骑行途中休息超过15分钟要再重新热身一次。遇到复杂的路段，应教导孩子在会车中如何让行。在安全的情况下家长可以带着孩子改道行驶。让孩子学会在路上随机应变。

请注意

未满12岁的儿童，不准在道路上骑自行车。10岁以内的孩子还不能自如地控制自行车，不适宜到山坡或崎岖的道路上骑车。年龄偏小的孩子建议在公园或者没有机动车的小区里练习即可。

量力而行

孩子的体力有限，当遇到顶风或者上坡路段时，除了鼓励孩子勇往直前外，还可以下车陪着孩子一起推车，不必强求孩子克服过大的困难。

排除隐患

检查自行车的刹车是否完好，螺丝是否拧紧。教孩子一些简单的排除自行车故障的知识，从轮胎气压、链条转动到刹车灵敏度等的检查维修。在骑行前和路途中要关注自行车的安全性能。

处理意外伤害

头碰伤

骑行过程不小心摔倒或撞击，很容易出现头部碰撞伤，孩子的头上往往会肿起大包。

救治方法

(1) 观察

如果孩子清醒，反应正常、脸色正常，精神认识都正常，双侧手脚活动自如，从哭闹到恢复常态不超过10分钟，说明暂时无大碍，可以先不去医院，继续观察。

少数情况下，疼痛和哭闹可能导致孩子呕吐1～2次，之后慢慢消失。家长需要密切观察48小时。

(2) 冷敷

如果孩子头碰伤的地方开始出现红肿瘀青，而没有其他大碍，对碰伤的部位适当冷敷就可以了。用冰袋敷在头碰伤的部位，大约20分钟，可以减轻肿胀，缓解疼痛。

前额的伤处较小，可以用"退热贴"贴在患处皮肤上。退热贴有局部物理降温的作用，可以缓解肿痛处的红肿热痛，起到持续冷敷帮助消肿的功效，而且退热贴温度不会太低，孩子更能接受。但是切记有出血的伤口不适用！

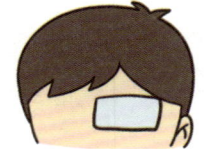

需要就医的情况

如果孩子出现以下情况应立即就医，检查头颅并进行CT检查：

①持续头痛，不停地哭闹；

②呕吐次数多于2次，出现了喷射性呕吐，或伤后数小时依然呕吐；

③出现走路不稳、某一侧肢体无力、感觉异常失明或视力下降、突发斜视、耳朵听不清、说话不清等情况；

④鼻腔、耳朵出血；

⑤意识不清、嗜睡、睡后不容易喊醒或者昏迷等。

第四章　培养孩子自救能力

 日常培养孩子的自救意识

孩子天生对新奇的事物感兴趣，容易被吸引而忘了自己身处的环境。无论在哪里，都不要让孩子离开家长的视线范围。在人多的地方要跟家长牵着手，防止走失，甚至被拐骗。

毫无疑问，孩子越大，旅行越轻松，但是青少年虽然更有探险精神，也往往在这个年龄判断不出事物的风险性，做出一些冒险的事情，家长不能掉以轻心觉得孩子已经长大了为了省事省心关注变少，所以在旅行中仍然要平衡好他们的自由与安全。

我们无法时时紧跟在孩子身旁保护他们，因此培养孩子遇到危险时有自救意识就显得非常重要，这要从日常做起。

安全行为准则

避免意外事故，日常给孩子传递安全行为准则非常重要，比如"地震时如何躲避"和"着火了不能坐电梯"等避险知识。这些小常识可以提前跟孩子反复学习。出行前向儿童讲解乘坐各种交通工具的安全须知，比如不要从车窗向外伸头、伸手，要系好安全带等。

从另一个方面讲，要有清晰的准则让孩子理解"什么能做"和"什么不能做"。做什么、去哪里都要与父母沟通商量，得到批准才可以前往。孩子旅行中能遵守安全准则要给予肯定和嘉奖，行为不当的话要及时给予纠正，以期下一次的进步。

不能跟陌生人走

家长常会这样叮嘱孩子："不要跟陌生人说话。"什么是陌生人？孩子并不懂得，而那些想欺骗孩子的人都会装出一副和蔼可亲的面孔，孩子很难分辨。

日常生活中，我们应告诉孩子，对于陌生人问路或请求协助寻找丢失的宠物之类的事应保持警惕，这是犯罪分子诱拐儿童的策略。又比如：有的人看到孩子衣服上绣着的姓名条就叫出孩子的名字，假装认识；有的人自称是警察，编造孩子家出事的紧急情形；等等。

👉 我们要明确告诉孩子两个要点：

第一，爸爸妈妈不在场的情况下，任何陌生人都不能将你带走！

如果有陌生人强硬要把你带走，你肯定是打不过成年人的。这时候一定要用力挣脱，向周围人大声呼叫求助，比如大声呼喊："救命！他不是我的爸爸！"甚至可以踢掉周围商铺的商品，引起商铺人员的关注，他们会要求赔偿货物，这样为自己赢得求救时间。

假如你独自走在路上，发现有个陌生人在跟踪，这时该怎么办？应该马上加快脚步，甩掉那个陌生人，跑到学校报告老师，或是赶快跑到附近商店或小区保安亭，向附近的警卫或保安人员求救，请大人们保护你、帮你报警。并给父母打电话请他们来接，留在保安人员身边等待父母。

第二，认识的人，也要在父母同意之后才能带走你！

据统计，对儿童进行性犯罪的嫌疑人中90%是儿童认识的人。我们要特别提醒孩子，特别是女孩不要单独外宿或单独跟异性到任何地方去。另外，当孩子开始能使用网络社交工具时，应告诉孩子使用网络的安全事项，注意保守家庭及个人的一些秘密，不要轻易约见在网上结识的人。

演练自护自救本领

出门旅行遇到麻烦应该找谁帮助呢？小朋友第一反应一定是找警察，这是最基本的常识。还应让孩子知道，在公园、商场、电影院等地方，可以向穿制服的工作人员求助。

出门在外，当遇到危险的时候，孩子的自护自救能力就显得非常重要。这些自救的意识要从小培养，并且在日常生活中不断演练。

👉 亲子之间通过角色扮演游戏和演练，使孩子掌握自护自救的方法。家长设计可能出现的危及安全的不同情境，向孩子提出问题，测试他们的反应能力。

比如，人群涌向一个方向容易出现踩踏事故，这时千万不要盲目跟随人群乱动，要冷静观察周围形势，远离拥挤的人群。如果已经在人群中，应一边顺着人流同步前进，一边向前进方向的侧方移动，直至移出人群。尽量靠墙靠边缘的位置移动，踏稳每一步，努力保持身体平衡。

一旦被人挤倒，设法使身体蜷缩成球状侧躺在地，双手紧扣置于颈后，保护好头、颈、胸、腹部。踩踏导致死亡的主要原因是窒息，我们要让"头—臀—膝"形成一个三角区，使肺部能呼吸空气。千万不要俯卧和仰卧。

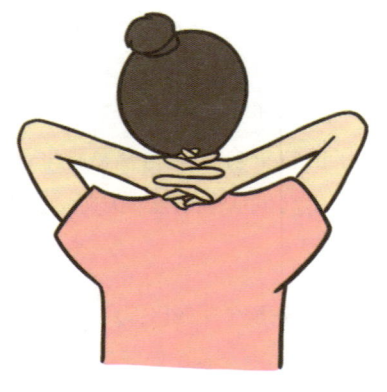
1. 两手十指交叉相扣，护住后脑和后颈部

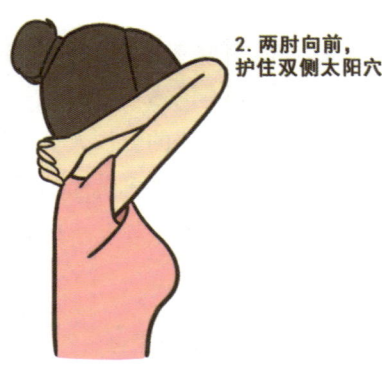
2. 两肘向前，护住双侧太阳穴

3. 双膝尽量前屈，护住胸腔和腹腔的重要器官

4. 侧躺在地

我们可以利用绘本、讲故事、模拟火灾场景等方法讲基本的消防安全常识和逃生知识。

日常还要演练家长和孩子之间如何保持通信联络的方法，记住家长的电话号码、自己的家庭住址等。

02 被锁车内的自救要点

场景设置

外出时,家长把孩子遗留在车内,并锁上车门。

危害

在封闭的汽车内,没有新鲜空气,孩子被锁车内很快就会缺氧,出现头晕头痛,甚至昏迷窒息!特别是在高温的天气。

研究发现,在阳光的照射下,密闭车厢温度上升很快,从24摄氏度上升到40摄氏度只要30分钟!当户外气温为34摄氏度时,只要10分钟,车内温度就能达到41摄氏度!

自救方法

外出旅行时,小朋友被爸爸妈妈不小心锁在车里面,千万不要慌张不要哭闹,一定要学会下面这些自救方法。

拉车门

首先马上解开安全带爬到方向盘的座椅位置,按下窗边开锁按钮,

开锁按钮

然后往外拉门把手，向外推车门。得救了！

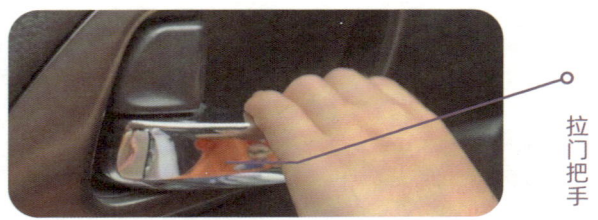

拉门把手

打灯按喇叭

如果开不了门，马上找到三角形按钮（双闪灯按钮），打开双闪灯。

打开双闪灯

使劲不停地按喇叭引起周围人的注意。如果力气太小，用脚用力踩按喇叭。

按喇叭

在前挡风玻璃处挥手、拍打玻璃求救。车辆前挡玻璃比较大，这样可以及时被外人发现。

打电话

佩戴电话手表的小朋友要第一时间打电话给家里人求救。

砸窗

车内可以自备安全锤，并告诉孩子放置的地方和如何砸开车窗。这个方法适用于较大的孩子，如果孩子太小，可能没有力气砸窗逃生，而且容易伤害到自己，这个方法谨慎使用。

3岁以上的孩子就已经具备一定的理解能力了，所以教会他们这些事并不难，只是需要多花些时间和精力。家长在日常生活中应有意识地教孩子反复演练解开安全带、按喇叭、解锁车门等紧急操作，以及拍打车窗呼救。

03 电梯故障的自我保护

场景设置1

电梯出现故障,恰巧孩子被关在电梯里。

危害

电梯突然停止不动了,孩子单独在电梯里一定会受到惊吓。这时千万不要去试图打开电梯门爬出去,因为电梯随时会重新启动,突然上升或下降,这样做很危险。

不要采取过激的行为,如乱蹦乱跳,因为跳动会引起电梯的震动,可能导致电梯失控下滑。此外,要告知孩子在发生火灾或者电梯维修、保养时禁止乘坐。

自救方法

求救

立刻按下电梯内红色的警铃求救,通过对讲机与管理人员联系,等待外部救援。但在等待救援的过程中,要与电梯门保持距离。

如果手机或者电话手表有信号请立刻联系爸爸妈妈，并拨打110报警。大一点的孩子在求助没人应答的情况下，查看电梯上面检修的电话，可以打电话给电梯维修人员求助。

呼救

假如没有警铃或警铃不响、没有通信信号，可以间歇性地呼救、用力拍打电梯门，或脱下鞋子用力拍门。

场景设置2

乘坐电梯时，电梯突然急速下降。

危害

乘坐升降电梯，可能会遭遇电梯故障急坠事故。当电梯急速下降时，被困者处于失重状态，落地后容易引起身体损伤，甚至出现全身多处骨折，危及生命。

自救方法

按键

迅速按下每一层楼的按键。若电梯的制动系统忽然恢复正常就能瞬间在某一层楼停下。

固定

整个背部和头部紧贴电梯内壁保护脊椎，同时双腿弯曲、抬起脚跟以减缓冲力。如电梯内有扶手，用一手抓扶手更好地固定身体。

1. 不论有几层楼，赶快把每一层楼的按键都按下。当紧急电源启动时，电梯可以马上停止继续下坠。

2. 如果电梯内有手把。这是为了固定位置，请一只手紧握手把防止因重心不稳而摔伤。

电梯下坠时保护自己的最佳动作

三种错误动作

3. 整个背部和头部紧贴电梯内墙，呈一直线。运用电梯墙壁作为脊椎的防护。

4. 膝盖呈弯曲姿势。这是最重要的，因为韧带是人体最富含弹性的一个组织，所以借用膝盖弯曲来承受重击压力。

5. 要把脚跟提起，就是踮脚。电梯中人少的话最好把两臂展开抓住把手或电梯壁。

04 地震时自救的方法

> **场景设置**
>
> 正在旅行途中,发生地震了。

危害

在地球上所有的自然灾害中,给人类社会造成最大损失的一种地质灾害就是地震。很多著名的旅游景点在地震中被毁坏,比如2017年8月8日的九寨沟地震,景区严重垮塌,数百名游客受伤,甚至危及生命。

地震有不同的等级,剧烈程度也有不同。根据距震中不同距离的地面及建筑物、构筑物遭受地震破坏的程度,我国将地震烈度分为12度。

地震量级	产生的状况
3度	少数人有感
4~5度	睡觉的人惊醒,吊灯摆动
6度	器皿倾倒,房屋轻微破坏
7~8度	房屋破坏,地面裂缝
9~10度	桥梁、水坝损坏,房屋倒塌,地面破坏严重
11~12度	毁灭性破坏

自救方法

室外

发生地震时,小朋友在室外要就近选择开阔地,立即蹲下,双手保护头部。避开人多的地方,避开高大建筑物或危险物。

👉 避开高大建筑物或构筑物:楼房(特别是有玻璃幕墙的建筑);过街天桥、立交桥;高烟囱、水塔。

避开危险物或悬挂物:变压器、电线杆、路灯、广告牌、吊车等。

不要随便返回室内。震后尽早撤离,以防余震。

室内

地震逃生原则——"蹲下、掩护、抓牢"。

在酒店或室内如果突然感到周围剧烈摇动时要马上躲到稳固的物体底下,比如坚固的家具旁边,或者躲到内墙的墙角,厨房、厕所、储藏室等空间小的地方。管道抗震系数较大,可靠近大水管和暖气管道处,待地震结束时准备随时转移,为逃生准备活路。

👉 　　告诫孩子遇到地震千万不要跳楼！不要站在窗外！不要到阳台上去！

剧烈地震

如果遇到7级以上地震灾害，被倒塌的建筑物掩埋时，记住这些要点：

第一，应设法清除压在身上的物体，尽可能用湿毛巾等捂住口鼻，防止灰尘呛闷发生窒息；

第二，找到石块或铁器等敲击物体，用响声与外界联系，不要大声呼救，注意保存体力；

第三，设法用砖石等支撑上方不稳的重物，保护自己的生存空间；

第四，朝着有光亮更安全宽敞的地方移动；

第五，找到食物和水，要计划着节约使用，尽量延长生存时间，等待获救。

05 火灾时如何自救

场景设置

参加夏令营活动，入住的酒店着火了。

危害

在各种灾害中，火灾是最常见的危害生命财产安全的一种。火灾如同洪水猛兽，比如在过年的时候，小朋友们喜欢燃放烟花爆竹，如果在易燃物附近玩烟花就可能引起火灾。在家中或酒店中不正确地使用电器，也可能会导致火灾，造成不可估计的伤害。

自救方法

认识消防标志

当我们来到酒店、民宿，因为对周围环境不熟悉，要先观察安全出口、疏散方向的标志，找到安全出口的位置。

☞ 如果发生火灾，千万不能坐电梯下楼，要走安全出口的楼梯下楼逃生。

求救

（1）拨打119

发现火灾应及时报警。拨通之后，要告诉消防员：发生火灾的地址、是什么东西着火、火势大小、自己的姓名等资料。

一般3岁以上的孩子都已具备了记住火警电话119的能力，家长要有意识地教孩子记住火警电话，并教他怎么拨打。但要强调只有在火灾时才能拨打。

（2）更多的向外求救方式

火灾无法撤离时，用打手电筒、挥舞颜色鲜艳的衣物、呼叫、敲窗户、扔求救纸条等方式向外发送求救信号。

自救

（1）撤离

发生火灾时，用湿毛巾捂住口鼻，并屏住呼吸，弯腰低姿沿着安全通道撤离。（如果家里配有防烟防毒面罩和水基小型灭火剂得赶紧找到并使用。）

(2) 灭火

如果火已经烧到身上，就地打滚灭火或用水灭火，也可用浸湿了水的小毯子、浸湿了水的薄被子等覆盖身上压灭火苗。

👉　　不慎发生电器起火事件，一定要第一时间切断电源，不要用水去扑救，容易发生爆裂或触电的危险。大孩子可使用轻薄浸湿水的衣物或被褥进行扑打或覆盖或拨打119和找物业帮忙灭火。

(3) 等待

房间外面着火，要用手触碰下门，看看门是否发烫，如果门很烫，千万不要开门，以防大火窜入室内，这时要用浸湿的被褥、衣物等去堵塞门缝，并泼水降温。

👉　　消防人员寻找、营救一般是沿墙壁摸索着行进，屋内人员无法撤离时应尽量在墙边等待救援。

246

06　溺水的自救练习

场景设置

到水库游玩，不慎跌入水中。

危害

溺水时间过长会出现缺血、缺氧，甚至神志丧失、呼吸和心跳停止。每年暑假都是儿童溺亡的高发期。

掌握游泳这项求生技能十分必要。一般的孩子5岁以前神经系统发育水平还处在不太完善的阶段，学习游泳还比较困难，在人数众多的游泳班很可能跟不上进度，建议6岁以后学游泳比较合理。当然也有一些天赋异禀的孩子则另当别论。

不管孩子会不会游泳，我们都应该教会孩子溺水的自救方法。

自救方法

保持镇静

保持冷静的头脑，避免惊慌失措。掉入水里不要手脚乱蹬、拼命挣扎，这样只能使体力过早耗尽、身体更快地下沉。

平时在大人的陪同下，多带孩子练习在水中屏住呼吸闭气。

水中自救

(1) 仰漂

落水后立即屏住呼吸,踢掉双鞋,去除身上的重物,然后放松肢体等待浮出水面。当感觉开始上浮时,应尽可能地保持仰位,使头部后仰。

因为肺脏就像一个大气囊,屏气后人的体重比水轻,所以人体在水中经过一段下沉后会自动上浮。只要不胡乱挣扎,人体在水中就不会失去平衡。口鼻最先浮出水面可以进行呼吸和呼救。

 呼吸时尽量用嘴吸气、用鼻呼气,以防呛水。

(2) 水母漂

当遇到风浪大的时候,头缩,四肢下垂,身体俯漂在水面,就可以像水母一样漂起来。

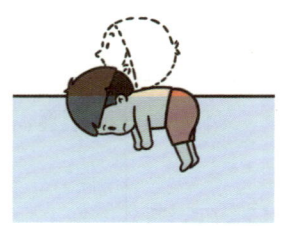

需要换气时,双脚慢踢,双手向前,顺势将头抬起来换气,换完再缩回去。

维持口鼻呼吸

吸气要深,呼气要浅!放松全身,让身体漂浮在水面上,维持口鼻略浮出水面能进行呼吸和呼救就可以了,以平静的心态等待救援者到来。

 千万不要试图将整个头部伸出水面,这将是一个致命的错误,因为对于不会游泳的人来说将头伸出水面是非常困难的。

第五章　走进孩子内心的亲子旅行

 **旅行可以引导心理健康**

　　这些年的亲子旅行，给我感触最深的就是亲子旅程的所闻、所见和所感给予了孩子很多正能量，让他变得更加乐观开朗。旅行对培养孩子的积极情绪、促进心理健康能起到正面的推助作用。孩子对自我成长的需求是不断变化的，旅行让他们得以寻求到新鲜感和刺激感。

愉悦身心

　　亲子旅行让紧张的神经得以松弛，一路上会心微笑、开怀大笑让心灵远离灰霾，并感受到了大自然的神奇力量，愉悦身心、放松自我。旅行能有效地对抗青春期的抑郁，缓解学习压力。

增加胆识

　　6岁的小文在桂林的度假村体验了"空中飞人"项目，在类似威亚绳索的保护下，独自爬到十几米高处，抓住横杆纵身一跃，在空中来回飘荡。这个项目非常考验孩子的勇气和胆量。小文下来之后获得一片夸赞，很多大人表示因为太高了，自己都不敢上去。

　　小文为什么不害怕呢？因为他在多次旅行中都接触到攀爬高处的项目，胆量慢慢变大了，在旅行中锻炼着自己小小的意志。徒步、登山、攀岩等具有冒险性的旅游项目，都在一定程度上磨炼了儿童的意志。

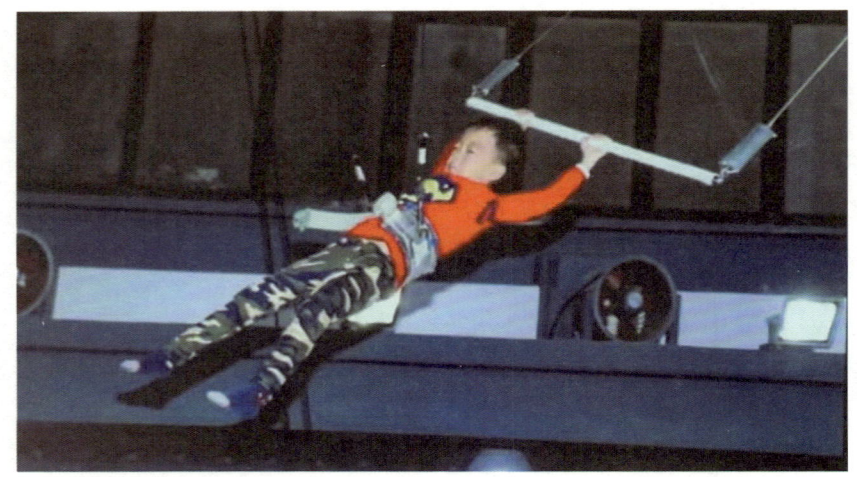

◎空中飞人

提高心理韧性

　　旅行不总是时时充满乐趣，就像磕磕绊绊的现实生活那样，路途中总会遇到一些挑战和困难。

　　记得我们在帕劳租车自驾游。因为小岛手机网络信号差，导航更新不及时，我们开错路，来到一个码头，那里属于私人领地，不允许外人随便进入。很快就有当地人过来拦截我们，用带口音的英文要求我们交付罚款，如果不给就报警。这个架势真是把我们吓了一跳，小文也在紧张的情绪中。我们尽量保持冷静，跟当地人讲明原因，最后他们表示理解，象征性地收取了少许费用，同时给我们指到一条正确的道路上。

　　之后我们以此事例跟小文说，旅行有点挫折在所难免，冷静下来想方设法处理问题，渡过难关，这样才是最好的解决方法。

比如导航软件有可能会指向错误的方向，我们要靠自己找寻正确的路线；比如当航班延误或取消时，我们必须想办法到达目的地或者回家；等等。旅行突发事件就是倏忽而至的意外，让处于愉悦旅程中的大人与小孩都不得不跳出舒适区域。我们可以教孩子用积极的心态来化解这种压力，而父母沉着冷静解决问题可以很好地帮助孩子提高心理韧性。

◎帕劳自驾

促进人际沟通

旅行给家人、孩子、朋友，甚至是陌生人更多沟通的机会，让孩子有机会在新的经历中相互交流。家庭成员之间在旅途中有更多的亲密互动，可以让家长了解孩子，也让孩子理解家长，增加生活的幸福感，对儿童性格发展、认知水平、伙伴关系和家庭关系等方面起到正面影响，实现彼此的良性互动。

02 好动不等于"多动"

> 记得第一次去贵州旅行，回程是坐傍晚的高铁，2岁多的小文精力无限，总想在车厢里跑跑跳跳，一刻都无法安静下来。5个小时的高铁车程，为了尽量保持车厢安静，我像抓鲇鱼一样盯着他，感觉筋疲力尽。

像这样的场景，在高铁上、飞机上、公交车上，也是很多爸爸妈妈熟悉的场景。孩子坐不住，到处弄这弄那，不是摔坏东西就是摔伤自己，很多家长甚至怀疑自己孩子是不是得了多动症。

多动与好动

儿童多动症，又称注意力缺陷多动症，是一种常见的儿童行为异常疾病。这类孩子首先主要表现是活动过多，多数父母因为无法控制孩子，非常无奈才会带孩子到医院来诊断。

其次是注意力不集中，注意短暂，表现为孩子很难专注地去做一件事，而且特别容易受到外界的干扰。孩子也容易出现情绪冲动，学习成绩普遍较差，在家庭及学校均难与人相处，日常生活中常常使家长和教师感到没有办法。这些孩子的智力正常或基本正常，只是学习、行为及情绪方面有缺陷。

然而大部分孩子的"多动"，并不属于儿童多动症的范畴，只是单纯的"好动"。好动的孩子只是活动量比较大，跟性格特点有关系，这些孩子多数性格比较开朗。孩子的好动是在特定环境中有目的性的活动，是为了满足好奇心、为了玩乐。当他们在做自己喜欢的事时，是可以全神贯注的。

好动与秩序

针对活泼好动的孩子，如何在出行中维持秩序和提高孩子的自我控制能力？这是一道"考家长"的题目。

在贵州回来后我"痛定思痛"地总结经验，在下一次高铁行程中，我提前准备了拼贴画，一个小时的车程，小文都在全神贯注安静地贴画。我欣喜地发现这个方法非常有效，在以后的出行中我都会根据乘坐交通工具时间长短准备好孩子的娱乐物品。

◎澳门天浪淘园

这件事也提醒了我，很多问题并不是孩子的原因，是家长没有为孩子做好准备。

小文6岁时，我独自带他坐高铁去潮汕，凭借一套乐高玩具让孩子安静地从开车到站拼了3个小时。而邻座两个小孩一直在吵吵闹闹，引起整个车厢的关注，对方家长说："看看人家哥哥这么乖，你们能不能安静一点？每次坐车都这样！"

我当时内心有两个感受：第一个感受是小文挺乖的，很开心他成为别人口中"别人家的孩子"；第二个感受是这位家长应该没有去思考过如何改变孩子的行为，而孩子是很难自己"变乖"的，循环往复，每次都是在车上吵闹。

孩子的天性就是玩，好动的孩子乘坐交通工具时坐不住，想在车厢玩是很正常的。当孩子年龄较小时，是无法理解在公共场合吵闹嬉戏会影响到其他人的道理。家长喋喋不休地解释也不会有立竿见影的效果。

只能反其道而行之，重要的是想方设法安放他无所事事的心，引导他的注意力和关注点落到一个实处。

随着年龄增长、日常潜移默化的教育，加上家长的以身作则，孩子便不再出现那些曾经让家长崩溃的事件。孩子每个年龄段都会有不同的问题、不同的争执，家长也需要不断完善自己的教育方式、更新自己的教育理念。

多动多关怀

已经确诊注意力缺陷多动症的孩子，在旅行中需要家长更多关心、耐心和教育。在用药物治疗期间，外出也要按时服药。在与孩子相处中，要正视孩子的问题，不要用正常儿童的标准来要求有缺陷的孩子。比如有些妈妈的口头禅总喜欢说"你看谁谁谁做得这么好，你再看看你自己"，这些无意义的对比只会成为影响孩子心理健康的因素，没有能量，可能还会给孩子造成压力，觉得家长不看好自己，就更放任了。只要把孩子的行动行为控制在一个安全的范围内，再慢慢去提高要求就可以了。

另外，多动症的孩子注意力比较难以集中，父母千万不要主动去分散他们的注意力。比如孩子在沙滩挖沙，家长一会叫一下喝水，一会喊一句注意安全，破坏孩子的专注力，这是不可取的。注重方式方法的关爱和教育，是影响多动症儿童治疗效果的重要决定因素。

03 带一件孩子喜欢的物品

> 我们亲戚家的孩子小宇特别喜欢一张毛毯,每天晚上睡觉一定要把小毛毯盖在胸口的位置。这条毛毯从出生就陪着他,用了4年已经很旧了,依然不肯换新的。上次两家人策划了周末旅行,晚上在酒店,小宇临睡前发现妈妈没有带这张毛毯,一下子情绪失控,大哭大闹,折腾了一晚上。

小宇非常依恋这条柔软的毛毯,这种情况实际上是一种儿童恋物现象。是什么原因造成儿童的恋物行为呢?

恋物现象

这与孩子的安全感有关。安全感来自周边熟悉的环境和人以及这些人给予幼儿的关心爱护。儿童2～2.5岁是安全感建立的敏感时期,孩子会对身边特定的人物产生依恋感。

此时孩子的自我意识正在快速发展,潜意识里会认为自己依恋的那个人只是自己的,比如我的妈妈就是我的。如果妈妈并没有很好回应孩子的安全感需求,会使他的安全感建立不能顺利过渡,从而改变依赖对象。有的孩子表现为依赖其他人(比如奶奶),有些孩子则表现为依赖某种物品,这些人和物品被称为过渡期对象。

这种行为都是需求不能得到满足的一种表现。比如一些儿童在刚刚进入幼儿园时,由于分离焦虑让孩子没有安全感,而老师和家长不能及时给予幼儿该有的关爱与鼓励,孩子就会更加容易对物品产生依恋。

恋物的作用

小宇对于旅行没有携带自己的小毛毯无法释怀，第二天他的父亲却因为此事气愤不已，恼羞成怒，信誓旦旦地说回去以后要把毛毯撕碎。我及时阻止了小宇父亲，好言相劝，以免增加小宇的痛苦。部分家长在发现孩子有恋物行为后会强行阻止，甚至把孩子的依恋物丢弃，造成孩子更强烈的紧张感，从而影响正常的亲子关系和家庭关系。

其实大部分的孩子都会出现恋物现象，持续时间或长或短，通常4岁以后儿童的恋物行为会逐渐减少。我在日常工作生活中，发现低龄儿童的恋物现象并非坏事，有时还担任着"重要角色"。

常常见到小朋友来就诊时，一些女孩子会抱着个洋娃娃或者小公仔，男孩子的玩具更多样，车、枪、各种卡通玩具。小朋友来到医院这种陌生而心生恐惧的地方，有自己心爱的玩具作为陪伴，可以帮助孩子缓和恐惧心理，转移注意力，通过接触玩具或者抚摸心爱的物件，让内心安定下来，并且自我暗示要勇敢一些。

带上它去旅行

每次旅行前，我都会主动跟小文说，这次旅行你要带哪些喜欢的玩具，把它们放进你的小背包吧。在乘坐交通工具或者到了酒店，小文打开小背包拿出玩具，如同在家里跟它们玩耍一般。旅行外出去到陌生的环境，孩子更需要喜爱的物品来缓解自己的不安以及获得心理安慰。这些年明显感觉到小文对不同旅行目的地的适应性在逐渐增强，而玩具也渐渐变成可有可无了。

👉 　　建议家长在旅行时带上孩子表现出强烈喜欢的物品，比如衣服、毛毯、玩具等等，或者孩子熟悉的床单、睡袋、抱枕。旅行时父母的时刻陪伴也会很好地给予孩子安全感，加大对孩子的感情投入，增加接触和互动，逐渐让孩子把依赖需求从"物"到"人"慢慢发生转移。

　　孩子随着年龄增长，对过渡期对象的需求就不那么强烈了。再大一些的孩子如果只是单纯地依恋某个物件而没有心理问题的话也不需要干预。但是如果孩子表现出孤僻、敏感、拒绝与父母交流，执着于依恋物，就需要咨询心理医生了。及时修补亲子关系才是解决恋物癖的正确途径。

04 给孩子多一点自主权

> 小文4岁到韩国首尔旅行期间,计划去泰迪熊博物馆,票已经买好了。该馆下午6点闭馆,可小文午睡不愿起床,无奈拖到下午4点才出门。一路上"起床气"爆发,硬是不肯去,在小推车里发脾气一路大喊大叫:"我不去!我不去!"面对这种情况,我们是讲道理也行不通、哄着也不行。

这种情况我一般都采取"冷却"的方法,无奈一路上路人异样的眼光似乎在怀疑这是不是我们的孩子。我脸上挂不住,内心绷不住发火了。然而没有任何效果,还加重了全家人的郁闷心情。

等去到泰迪熊博物馆,孩子整个人都精神起来,玩得比谁都开心,好像刚才"大闹天宫"的人不是他。

自主意识

这种经历让我有很大的挫败感,事后反思自己的教育方法。我的出发点是为了孩子玩得开心,选择适合他爱好的目的地。但是孩子当时才刚满4岁,在这个年龄段开始有主见、寻求独立,想要掌握权力,不想被控制。而我事前没有很好去跟他商量行程,导致他有抵触情绪,我自己也控制不住情绪,做不到"温柔而坚定",陷入了"权力之争"。

孩子在成长阶段会有自主意识的变化,第一个自主意识敏感期就是2岁之后,家长通常认为孩子进入了第一个叛逆期。孩子会通过说"不"和"我不要"来表达自我意识,希望要以自我意识为中心。当遭到拒绝就开始大哭大闹,极力反抗。家长会感觉自己的乖孩子怎么学会顶嘴了,有些沮丧。其实这些变化是孩子建立自我意识的外在表现。

第二个是青春期，孩子感觉自己已经不是小孩了，成长往往跟独立挂钩，身心的独立能力都在逐渐增强，这时候孩子表现出来的是执行自己独立的想法，甚至会跟父母"对着干"。

控制欲

> 同事的孩子12岁正是进入青春期的阶段，同事计划暑假带孩子去旅行。孩子想去上海迪士尼玩，同事直斥孩子"光知道玩"，执意要带孩子去北京见识历史文化，认为"这是为了孩子好"。孩子非常不情愿地跟着父母去到北京，但心里依然抵触，最后坚决不去景点，自己在酒店看电视待了两天作为抗议，完成了这次不愉快的旅行。

一些家长对孩子的控制欲非常强烈，为孩子做好"完美"的安排，同时也不允许孩子表达自己的意见，认为孩子听话就是最大的优点。这样会导致孩子出现"被动攻击心理"，孩子会用消极的、极端的、恶劣的、隐秘的方法来发泄自己的不满情绪。

最常见的就是孩子心生不满又被禁止表达，于是有意无意地做一些事情来惹父母生气。父母自然大发雷霆，这通操作下来，父母往往被"气个半死"。亲子关系就在这种无形的较劲中被破坏，没法有效沟通、解决问题。

其实倾听也是一门学问，很多家长，特别是"专断型家长"，在和孩子沟通过程中通常没有耐心听完孩子的表述就按照自己的理解表达家长的立场，甚至误解孩子。这种专横独断式的态度并不是孩子需要的，反而让孩子以后有观点都不敢表达，将所有的不良情绪埋藏在心底。

家长不给孩子表达意愿和选择的权力，孩子容易出现被动攻击心理，或者成长为没主见、没主意的人。这些都是我们为人父母不想见到的结局，所以建议多给孩子一点发言权、自主权，在旅行决策上多倾听他们的意愿，并支持孩子合理的思考和要求。

选择的权力

很多父母怕给了孩子自主权后孩子会说出很多不切实际的想法，无法去实现。我们经常会给小文A、B、C三个选项，吃什么、玩什么、去哪里，让他来选择。我们给出的选项都在合理安全的范围内，并且充分考虑他的兴趣爱好。只要他挑中的选项，我们决不食言。

从小培养孩子的选择和判断能力，长大后孩子终归要独立生存，拥有自己的人生，拓展自己的空间，选择自己的道路。

以同事家孩子为例，家长认为孩子太爱玩，孩子认为游览历史文化古迹很无趣。孩子已经有主见，有独立思考的能力，既然要带孩子出行，就要考虑到孩子这个年龄段的兴趣爱好，在孩子提出要求时不要一味否定。

考虑方案

第一，先让孩子阐述一下选择上海旅行的缘由，让孩子来做决策者、执行者，通过查找资料制订相关行程；之后家长进一步完善行程，加上一些有教育学习意义的景点，比如博物馆、科技馆、红色景点、历史古迹等。

第二，家长说出自己的观点，为孩子讲解北京这一目的地多元化的行程，降低孩子的反感程度，并适当穿插一些主题乐园满足孩子游玩的需求，让孩子感受到自己被尊重，也让孩子对行程有期待。

有效的沟通是父母用同理心来倾听孩子的言语，这样才能听到孩子心底真正的声音。换位思考孩子表达的意思，少说教多倾听，多从细节处听到孩子的烦恼,让孩子感受到被重视,有更多的安全感。

旅行在外,是一个全新的环境,让人更加放松下来。趁此机会把你对孩子的爱变成对他们的倾听,顺势而为,更好融入孩子的心底。

◎成长与独立

05 从旅行中获得正向激励

旅行正能量

我的一位老师的女儿从小非常出色,名牌大学本科毕业之后又到了国外顶尖学府读博士,很多人向老师请教教育孩子的方法。

> 老师说孩子的成长过程都不是一帆风顺的,我们要做的就是在孩子压力大、情绪低落的时候及时给予关注、激励。"每次孩子出现这种情况我就带她去爬山。孩子有烦恼,她愿意说时我就听着,一路登顶一路聊天;孩子不愿意提起时,我就在旁边陪着。有时很难爬的崎岖山路,我们会相互鼓励。这一过程孩子放松了心情、舒缓了情绪,越来越坚强,在登山中获得了正能量。"

有的旅行是为了拓宽眼界,游览风景名胜;有的旅行是为了体验生活,感悟人生。而有的旅行是释放负面情绪,换个心情,轻装上阵。

孩子在日常生活中遇到挫折,短时间的悲伤、焦虑等情绪都是正常的。家长多鼓励、多倾听,帮助孩子减轻压力,可以通过旅行、运动等方式来缓解低落的情绪。

如若没有及时缓解孩子的负面情绪,长期处于抑郁心境,很可能会患上抑郁症,变得沉默寡言、情绪低落、胆小怯懦、自暴自弃。

奖励与激励

有些家长用"旅行"和"玩"当作学习的奖励,比如家长会对孩子说:你这次考第一名,我就带你去国外旅行。

我不提倡这样的做法，这种类似"物质奖励"是对结果的奖励，只注重学习的结果，而不是努力学习的过程，让奖励失去客观、公正。我们应该多关注孩子日常的学习状况，看到他们的努力和进步，及时去肯定和鼓励，这样孩子的学习劲头会更足，更长久，更容易关注自己成功的过程，也会去主动想办法解决困难。

设想一下，孩子考不到理想成绩，本身已经很伤心，旅行计划也泡汤了，可谓是"双重打击"，这时候，如果家长能够带孩子出去旅行散散心，肯定孩子的努力，建立信心，交心谈论下一步的学习计划，即使此次成绩不理想，也能让孩子继续保持学习热情。

成长需要激励，每一个孩子都希望自己是成功者，都期待着收获肯定和赞誉。家长充分发挥正向激励的作用，激发孩子通过自己的努力去获得成功的欲望。

当孩子取得成功后，因成功而产生自信心，有利于形成追求新目标、新成绩的新动力，随着新成绩的取得，心理因素再次得到优化，从而形成发展进步的良性循环。正向激励使他们产生内在动力，朝着所期望的目标努力奋斗与前进。

◎正向激励